West Nipissing Public Library

Les menus
midi

Catalogage avant publication de Bibliothèque et Archives Canada

Desaulniers, Louise, diététiste

    Menus midi

1. Déjeuners.   2. Cuisine.   3. Menus - Planification.
I. Lambert-Lagacé, Louise.   II. Titre.

TX735.D48 2005   641.5'3   C2005-940382-9

Pour en savoir davantage sur nos publications, visitez notre site: **www.edhomme.com**
Autres sites à visiter: **www.edjour.com**
www.edtypo.com • **www.edvlb.com**
www.edhexagone.com • **www.edutilis.com**

02-2005

© 2005, Les Éditions de l'Homme, une division du groupe Sogides

Tous droits réservés

Dépôt légal: 1er trimestre 2005
Bibliothèque nationale du Québec

ISBN 2-7619-1979-3

DISTRIBUTEURS EXCLUSIFS:

- Pour le Canada et les États-Unis:
MESSAGERIES ADP*
955, rue Amherst
Montréal, Québec H2L 3K4
Tél.: (514) 523-1182
Télécopieur: (450) 674-6237
* Filiale de Sogides ltée

- Pour la France et les autres pays:
INTERFORUM
Immeuble Paryseine, 3, Allée de la Seine
94854 Ivry Cedex
Tél.: 01 49 59 11 89/91
Télécopieur: 01 49 59 11 96
Commandes: Tél.: 02 38 32 71 00
                  Télécopieur: 02 38 32 71 28

- Pour la Suisse:
INTERFORUM SUISSE
Case postale 69 - 1701 Fribourg - Suisse
Tél.: (41-26) 460-80-60
Télécopieur: (41-26) 460-80-68
Internet: www.havas.ch
Email: office@havas.ch
DISTRIBUTION: OLF SA
Z.I. 3, Corminbœuf
Case postale 1061
CH-1701 FRIBOURG
Commandes: Tél.: (41-26) 467-53-33
                  Télécopieur: (41-26) 467-54-66
                  Email: commande@ofl.ch

- Pour la Belgique et le Luxembourg:
INTERFORUM BENELUX
Boulevard de l'Europe 117
B-1301 Wavre
Tél.: (010) 42-03-20
Télécopieur: (010) 41-20-24
http://www.vups.be
Email: info@vups.be

Gouvernement du Québec – Programme de crédit d'impôt pour l'édition de livres – Gestion SODEC – www.sodec.gouv.qc.ca

L'Éditeur bénéficie du soutien de la Société de développement des entreprises culturelles du Québec pour son programme d'édition.

Nous remercions le Conseil des Arts du Canada de l'aide accordée à notre programme de publication.

Nous reconnaissons l'aide financière du gouvernement du Canada par l'entremise du Programme d'aide au développement de l'industrie de l'édition (PADIÉ) pour nos activités d'édition.

Louise Desaulniers et
Louise Lambert-Lagacé,
diététistes

Les menus midi

Avec la collaboration de Josée Thibodeau

Remerciements

Faire un nouveau livre demeure un exploit! Avoir la collaboration de personnes compétentes fait toute la différence. Nous avons eu la chance d'avoir une équipe exceptionnelle qui nous a appuyées tout au long de la production de *Menus Midi*.

L'accompagnement de Josée Thibodeau, dès les premiers balbutiements du livre, s'est révélé tout aussi précieux que lors d'ouvrages précédents. Comment la remercier pour son enthousiasme contagieux, ses critiques pertinentes, ses trucs pratiques et son appréciation des plats dégustés avec nous?

Trois excellentes stagiaires en diététique de l'Université Laval, Judith Blucheau, Josée Gagnon et Annie Roberge, ont ratissé les magasins d'alimentation afin de dénicher des repas dépanneurs respectueux de nos critères. Elles ont également participé à des sondages pour connaître les contraintes associées au repas du midi. Elles ont gagné leurs épaulettes et méritent toute notre gratitude.

Des dégustateurs volontaires, Pascale Lagacé, Marie-Claire Lagacé, Sandrine Desaulniers, Simon Brunet et Lise Bertrand ont testé nos recettes, évalué le temps et la facilité de préparation, vérifié la saveur des plats. Nous avons tenu compte de tous leurs commentaires et les remercions pour leur généreuse collaboration.

L'étincelle de Jacques Laurin, initiateur du projet, l'encouragement indéfectible de Pierre Bourdon, éditeur, et d'Erwan Leseul, son adjoint, nous ont transmis l'énergie nécessaire pour plonger une fois de plus. Merci à Linda Nantel, responsable du service de l'édition, et à ses collègues Monique Richard et Sylvie Massariol, qui ont assuré le travail de révision. Merci également à Diane Denoncourt et à son équipe de graphistes qui ont donné une nouvelle allure à la maquette du livre. Merci enfin à l'équipe de Sylvie Archambault qui assure la promotion du livre. Sans elle, vous n'auriez peut-être pas consulté ce livre.

Oui, nous avons eu beaucoup de chance.

INTRODUCTION

Ce livre a eu plusieurs vies avant de prendre sa forme actuelle.

Louise Desaulniers et moi avons d'abord reçu le mandat de rajeunir *La nouvelle boîte à lunch*, publiée en 1991. Nous avons alors entamé une réflexion sur le sujet qui s'est prolongée pendant plusieurs mois. Durant cette période, nous avons effectué un sondage maison auprès de plusieurs écoles et d'une cinquantaine d'adultes, sondage qui a confirmé notre expérience en clinique de nutrition : le défi de bien manger recoupe tous les repas du midi, et non pas seulement ceux de la boîte à lunch. Une enquête pancanadienne, menée par l'Association des restaurateurs à l'automne 2003, est venue appuyer nos dires : plus de 50 % des adultes canadiens ne mangent pas le midi. Une donnée alarmante !

Or, ce rendez-vous raté avec les bons aliments à l'heure du midi entraîne une foule de problèmes. Chaque semaine, à la clinique, des personnes qui ignorent comment faire le plein de bons aliments à mi-journée nous parlent de leurs symptômes : notamment, elles se sentent fatiguées, souvent au point d'avoir du mal à terminer l'après-midi, elles subissent le coup de pompe de 16 heures ou ont des rages de sucre.

Cette situation nous semble inacceptable, voire potentiellement désastreuse, mais elle est facile à corriger. Voilà pourquoi nous avons modifié la portée de ce livre : nous visons dorénavant tous les repas du midi, qu'ils soient mangés au bureau ou à la maison. Quelle que soit sa forme, ce repas peut en effet remplir pleinement sa fonction et reprendre une place de choix dans nos vies.

Que le petit-déjeuner ait acquis ses lettres de noblesse grâce à plusieurs campagnes de sensibilisation, nous disons bravo ! Que le repas du soir rime avec détente et convivialité, excellent ! Mais il est temps de redonner au repas du midi tout son pouvoir.

Pour ce faire, nous proposons quarante-cinq menus inédits pour une personne. À la fois débordant d'éléments nutritifs et savoureux, ces repas sont prêts en un temps record ; certains d'entre eux n'exigent même pas de préparation, seulement l'assemblage des bons ingrédients. Dans la majorité des cas, les menus sont faits d'aliments faciles à trouver ou sont accompagnés de solutions de remplacement.

Tous font plaisir à manger. Tous donnent la priorité à des aliments gagnants, riches en protéines, en fibres alimentaires, en bons gras et en antioxydants, soit notre définition d'une alimentation santé.

LOUISE LAMBERT-LAGACÉ

CHAPITRE 1

UN REPAS À RÉINVENTER

Dis-moi ce que tu manges le midi et je te dirai comment tu finiras ta journée! Voilà le fond de notre pensée. Hélas, plusieurs personnes oublient de manger un vrai repas le midi et terminent leur journée affamées et fatiguées.

Dans les meilleures circonstances, le petit-déjeuner fait le plein pour la matinée, le repas de mi-journée entretient l'énergie jusqu'au soir et le dernier repas rime avec détente et convivialité.

Dans les faits, le petit-déjeuner soutient rarement faute d'aliments appropriés: le café-muffin prend le relais. Le grignotage remplace le repas du midi. Les rages de sucre à 16 heures et l'appétit vorace de 18 heures brisent le rythme de fin de journée. Et les portions généreuses au repas du soir ne réussissent même pas à calmer les fringales en soirée. Ce scénario mine le niveau d'énergie; pis encore, il favorise le gain de poids.

Au Canada, en 2003, plus de la moitié des hommes et des femmes âgés de plus de 35 ans sautaient le repas du midi (voir le graphique), une statistique incroyable qui n'a pas encore suscité de remous, mais qui devrait. Parmi les 45 % qui mangent à mi-journée, plusieurs optent pour des plats composés majoritairement de pâtes, de riz ou de couscous ou encore se contentent d'un sandwich ou d'une pointe de pizza végétariens, soit des aliments pauvres en protéines. Des menus parfaits… pour somnoler sur les dossiers et être tenaillé par une fringale sur le coup de 16 heures ! Un récent sondage révèle même que 37 % des Français mangent et boivent dans la rue au moins une fois par mois !

Nous sommes bien loin des repas-jasette qui alimentent le corps et l'esprit.

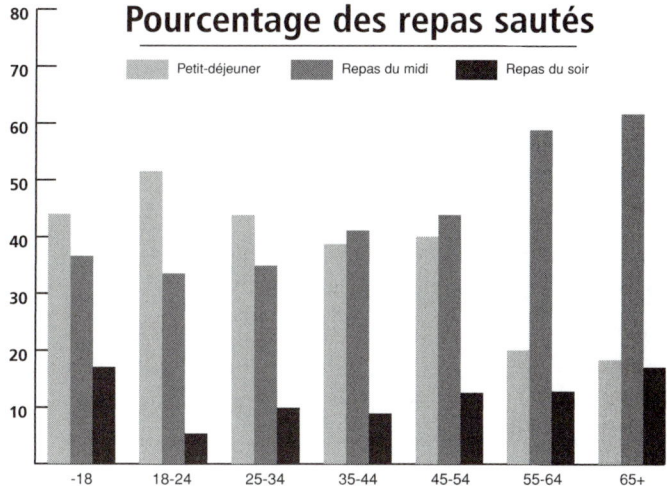

Foodservice and hospitality, avril 2003

Quelques midis ratés

Louise et moi voyons chaque semaine en clinique de nutrition des personnes qui négligent le repas du midi et souffrent immanquablement d'une panne d'énergie quelques heures plus tard. Et que dire de celles qui ont des rages et qui croient avoir un réel besoin de sucré pour remonter la côte? Pour illustrer la situation, nous nous sommes inspirées de quelques personnes que nous avons rencontrées au cours des ans. Bien entendu, les noms et les contextes sont fictifs.

Estelle est âgée de trente-neuf ans. Elle travaille très fort dans une maison de publicité où le stress est omniprésent. Elle consulte à la clinique pour éliminer les rages de sucre qu'elle subit tous les après-midi et pour élever son niveau d'énergie. Ses repas du midi tournent autour d'un bol de soupe aux nouilles et au poulet ou d'une tortilla tartinée de végépâté et une compote de pomme, ou alors elle ne mange rien. Ses soupers, trop copieux, sont suivis d'un sommeil peu réparateur.

Chantal, qui est âgée de quarante-cinq ans, est tellement généreuse au travail qu'elle oublie deux ou trois fois par semaine de se nourrir le midi. Lorsqu'elle mange, elle peut dévorer un gros bol de cerises de France ou un généreux sac de noix et de raisins secs. Certains jours, elle opte pour une salade verte avec deux tartines d'hoummos sur pain blanc. Plus tard dans la journée, elle donne libre cours à la compulsion et au grignotage incessant. Elle souffre d'obésité et se sent épuisée.

À trente-huit ans, Josée vit sa deuxième grossesse en deux ans. Cette fois, elle veut éviter de prendre trop de poids; à sa première grossesse, elle avait pris plus de 20 kg (45 lb). En bonne maman modèle, elle consacre tout son temps à satisfaire les besoins de son bébé d'un an. Le midi, par exemple, elle le nourrit et mange les restes, s'il y en a, puis elle boit un verre de lait ou prend un bol de crème glacée. Durant la sieste du bébé, elle a des fringales de chocolat ; un peu plus tard, elle passe aux croustilles et aux biscuits. À l'heure du souper, son conjoint l'encourage à prendre un repas copieux, qu'elle mange sans effort, puis elle grignote toute la soirée. L'énergie lui fait défaut.

Retraité depuis peu, Arthur reste un adepte de l'activité physique à soixante-trois ans. Le midi, seul à la maison, il se prépare un sandwich aux tomates sur pain blanc, grignote des olives et prend régulièrement un morceau de tarte ou de gâteau. L'endormitoire s'empare de lui peu de temps après. Au retour de sa conjointe, c'est l'apéro avec de bons morceaux de fromage, puis le repas copieux sans légumes, suivi d'un dessert sucré. L'appétit le tourmente toute la soirée. Malgré l'exercice intense au gym et la promenade à pied quotidienne, son tour de taille s'épaissit et son taux de cholestérol monte…

Béatrice, qui est âgée de trente et un ans, ne comprend pas pourquoi son poids ne cesse de grimper puisqu'elle affirme manger très peu. De fait, son repas du midi se compose habituellement d'une soupe maison ou d'un potage de nouilles salées et d'un thé. Mais le soir, elle mange une généreuse portion de riz blanc ou deux pommes de terre et deux tranches de pain, une double portion de viande, puis un morceau de gâteau ou d'une gelée commerciale. Elle est toujours fatiguée.

Amélie, elle, vit un moment difficile à quarante-neuf ans, et cela se reflète dans la qualité de ses repas ainsi que dans son niveau d'énergie. Le midi, elle oublie parfois de manger ou se contente de trois ou quatre fruits, qu'elle dévore un à la suite de l'autre. Vers 16 heures, elle achète un muffin ou grignote tout ce que ses collègues de travail lui offrent. Elle arrive épuisée à la maison et continue à grignoter. Son poids ne fait que monter.

Les repas du midi ratés ou mal fichus riment avec fuites d'énergie, aussi appelées chutes de glycémie. Le tout s'accompagne de pertes de contrôle, de fringales, d'un gain de poids… et de tout ce qui s'ensuit. Heureusement, Estelle, Chantal, Arthur et les autres peuvent retrouver un bon niveau d'énergie et stopper le gain de poids en améliorant leur routine alimentaire du midi.

DES BÉNÉFICES INCONTESTABLES

Le repas du midi a un pouvoir indiscutable, tant sur le corps que sur l'esprit, lorsqu'il se compose d'aliments bien choisis et bien cuisinés. En fait, si ce repas n'existait pas, il faudrait l'inventer. Et pour cause ! Il peut :

- énergiser pendant des heures ;
- annuler les moments de lassitude de l'après-midi ;
- prévenir les fringales de fin de journée ;
- diminuer l'urgence de manger en fin de journée ;
- prévenir les soupers trop copieux ;
- assurer une belle vitalité en soirée ;
- favoriser un poids stable.

Pour atteindre cet objectif, protéines et fibres alimentaires doivent faire partie du repas dans les bonnes proportions. Les aliments et leurs éléments nutritifs sont à notre portée, pourquoi s'en passer !

Chapitre 2

Nos critères :
saveur, santé et rapidité

> Des aliments goûteux, tout le monde en veut.
> Des aliments à rendement-santé garanti,
>   c'est un nouveau prérequis
> Du temps pour cuisiner le repas du midi,
>   c'est une denrée qui se raréfie !

Saveur, santé et rapidité, ces incontournables ont dominé nos pensées les plus secrètes au cours des douze derniers mois. Ils ont orienté nos choix d'aliments et nos méthodes de préparation.

Louise et moi aimons toutes les deux cuisiner et avons chacune nos coups de cœur pour certains aliments, certains assaisonnements. Nous nous considérons comme des interprètes culinaires : nous traduisons les grandes tendances du domaine de la nutrition en recettes et en menus. Nous n'adhérons à aucune cuisine en particulier, mais apprécions les goûts d'aujourd'hui, y compris les saveurs méditerranéennes et asiatiques.

Pour préparer ce livre, nous avons essayé et dégusté ensemble une foule de recettes. Certaines se sont révélées heureuses, d'autres moins. Quelques plats de notre cru ont été modifiés ou même éliminés, parfois à cause d'une préparation trop longue, parfois en raison d'un résultat peu savoureux. Après notre premier tri, de gentils volontaires ont testé les recettes, commenté les saveurs et validé les temps de préparation.

Finalement, nous vous proposons des menus que vous pourrez aussi bien emporter au bureau que manger à la maison (consulter l'index). Les recettes sont conçues pour une portion, donc en fonction de la réalité du midi de la plupart des gens, mais il est possible de multiplier les portions en ajustant les ingrédients et les assaisonnements en conséquence.

La saveur

Chaque repas doit ajouter une note de plaisir à la journée. C'est une notion qui nous tient à cœur. Malgré la contrainte de temps qui entoure la préparation du repas du midi, nos plats visent donc à surprendre, à faire sourire, à faire plaisir.

Nous donnons la priorité aux aliments frais de belle qualité lorsque la chose est possible, car fraîcheur et qualité sont aussi synonymes d'une bonne valeur nutritive. Par contre, nous ne rejetons pas d'emblée les surgelés ou les conserves, puisque certains d'entre eux peuvent faire partie d'un menu vite fait, savoureux et nutritif.

Les fines herbes fraîches, le gingembre frais et d'autres épices, les noix grillées et les fruits secs reviennent souvent dans nos recettes ; ces ingrédients saveur ont favorisé des mariages inédits avec le poulet, le poisson, les fruits de mer ou encore des mariages surprenants avec le tofu et les légumineuses.

La santé

Nos choix sur le plan des valeurs nutritives sont fort simples. Nous avons concocté des plats et des menus qui fournissent suffisamment de protéines et une foule d'éléments nutritifs de manière à répondre amplement aux besoins de chacun et chacune le midi. Les aliments et les ingrédients que nous avons choisis reflètent notre philosophie d'une alimentation santé.

Nos menus renferment :

- au moins 15 g de protéines dans le plat principal, élément essentiel à une énergie durable ;
- que des bons gras pour la cuisson et les vinaigrettes ; il s'agit le plus souvent d'huile d'olive ;
- d'autres bons gras monoinsaturés, par exemple ceux que l'on trouve dans les noix fraîches ou grillées, ou encore dans l'avocat ;
- des gras de type oméga-3 provenant du saumon, de la truite, du maquereau ou d'autres poissons et fruits de mer ;
- des légumineuses et du tofu à l'intérieur d'une quinzaine de menus végétariens ;
- des grains entiers comme le riz brun, le riz sauvage et le quinoa, riches en fibres alimentaires ;
- des pains de grains entiers sous forme de pita, de petit pain, de pain de seigle ou de blé entier, également riches en fibres alimentaires ;
- des produits laitiers moins riches en gras, comme le yogourt, les fromages de chèvre frais ;
- des légumes de toutes les couleurs, parfois crus, parfois cuits ;
- des fruits riches en vitamines et en antioxydants ;
- des aliments riches en fer comme le foie et les palourdes.

Évidemment, nos menus ne contiennent aucun gras trans.

Nos cuissons comportent une quantité minimale d'huile. Elles se font comme suit :

- sur feu doux ou moyen pour ne pas dénaturer le gras ;
- au four sous le gril ou en papillote, avec très peu de gras ;
- à la vapeur, sans gras.

Comme nous avons calculé la valeur nutritive de chacune de nos recettes, nous pouvons dire sans l'ombre d'une hésitation que nos plats regorgent d'éléments nutritifs. Ils répondent à l'ensemble de nos exigences de base – protéines, bons gras et fibres alimentaires. Au-delà de ces valeurs sûres, plusieurs des plats constituent d'excellentes sources de calcium, de potassium, de fer, d'acide folique, de magnésium, de zinc, de vitamine C et de vitamine A. Cette « valeur ajoutée » provient de la qualité des aliments et des ingrédients choisis. Un défi que ne relève pas souvent le marché des aliments industriels.

La rapidité

Le manque de temps pour cuisiner se situe au premier rang des contraintes actuelles, en Amérique du Nord comme en Europe. Nous n'y pouvons strictement rien, sauf partager des trucs et des astuces qui permettent d'arriver rapidement à de jolis résultats.

Notre défi était de composer des recettes exigeant 15 minutes de préparation ou moins. Nous avons réussi dans 90 % des cas, et avons validé ce temps auprès de nos gentils volontaires.

Pour atteindre cet objectif, nous avons monté des menus contenant :

- une courte liste d'ingrédients ;
- des aliments très faciles à trouver, le plus souvent possible ;
- des aliments raccourcis (voir le chapitre 3) ;
- des modes de préparation simplifiés au maximum.

Les quelques recettes qui font exception à cette règle se préparent à l'avance, par exemple le dimanche après-midi. Elles se congèlent en portions individuelles et, bénéfice non négligeable, elles n'exigent aucune préparation de dernière minute.

CHAPITRE 3

Nos raccourcis
Nos raccourcis n'ont rien de sorcier. Ils se résument en un choix d'aliments et d'ingrédients faciles à trouver et rapides à cuisiner.

Les indispensables
En tête de liste, nous avons placé des ingrédients et des aliments de base que nous considérons comme incontournables dans une cuisine bien organisée. Certains se conservent au garde-manger ; d'autres, au réfrigérateur. Voici ces indispensables :

- huile d'olive extravierge ;
- différents vinaigres (vin, balsamique et riz) ;
- moutarde de Dijon ou à l'ancienne ;
- tamari léger en sel (sauce soja légère en sel) ;

- bouillon de poulet en contenant cartonné de 900-960 ml (30-32 oz) (Campbell réduit en sel ou Pacific et Imagine, tout naturel);
- ail, échalotes grises et oignons;
- citron et citron vert (lime);
- œufs, de préférence biologiques ou oméga-3;
- graines de sésame et noix fraîches non salées;
- conserves de tomates italiennes concassées;
- câpres;
- sauce piquante aux piments ou Tabasco;
- gingembre, sous forme de racine fraîche ou mariné pour les sushis et vendu en bocal de verre;
- épices: assaisonnement au chili, cannelle, cardamome, cari, clou de girofle, cumin, graines de coriandre, gingembre, muscade, par exemple;
- herbes séchées: basilic, estragon, herbes de Provence, marjolaine, menthe, origan, romarin, sarriette, sauge, thym, par exemple. Contrairement aux épices, qui conservent longtemps leur pouvoir aromatique, les fines herbes le perdent rapidement. Il est souhaitable de les renouveler chaque année.

Les aliments prêts à servir ou prêts à cuisiner

Tout doit se préparer rapidement, sinon, on passe…

L'industrie alimentaire a entendu le message. Elle a réagi parfois correctement, parfois de façon insatisfaisante. Les consommateurs ont répondu puisque le ministère de l'Agriculture, des Pêcheries et de l'Alimentation du Québec a observé une augmentation de 700 % en quinze ans de la consommation des mets précuits ou surgelés. Tendance lourde, s'il en est.

Nous croyons que plusieurs de ces aliments prêts à servir ou prêts à cuisiner peuvent rendre de précieux services. Nous avons fait un tri et retenu des aliments chouchous qui apparaissent régulièrement dans la liste des ingrédients des 45 menus midi. Certains sont offerts à l'état frais, d'autres sont surgelés ou en conserve, d'autres encore sont prêts à servir.

Les verdures prêtes à servir

Les laitues de toute forme et de toute couleur exigent normalement un lavage et un essorage, soit quelques minutes de travail. Elles attirent peu les personnes pressées, à court de temps.

Les **nouvelles verdures (laitues, mesclun, épinard, roquette)** en sac ou en barquette, lavées et parées, donc prêtes à servir, permettent de gagner du temps, des minutes précieuses ; elles coûtent un peu plus cher que les versions non préparées, mais apportent leur lot de fibres et de fraîcheur.

L'**endive à feuilles blanches et serrées** se mange entière, telle une pomme. Comme l'eau augmente son amertume, il ne faut pas la laver; on la débarrasse de ses premières feuilles rouillées et le tour est joué! Elle renferme moins de vitamine C que les poivrons, mais elle constitue une belle crudité, superbe avec de l'hoummos ou une trempette au yogourt et au tahini.

Les **herbes fraîches (basilic, ciboulette, coriandre, estragon, menthe, origan, persil italien, romarin, sauge, thym)** en sac, en barquette ou même en pot, sont offertes toute l'année au rayon des légumes et des verdures des supermarchés et dans les épiceries spécialisées en fruits et légumes.

Les légumes prêts à servir ou à cuisiner

Les **carottes miniatures bio** ou les **carottes en julienne** se glissent aisément dans tout repas express, avec ou sans trempette. Les carottes bio sont plus sucrées et plus savoureuses, en plus d'être offertes partout, toute l'année. Taillées en morceaux et passées au mélangeur avec jus d'orange, pomme, gingembre et tofu soyeux, elles disparaissent dans un velouté fort agréable (menu 41).

Le **brocoli défait en petits bouquets** et vendu en barquette réduit le temps de préparation de la salade de pois chiches au cari (menu 33).

Les **tomates cerises**, juteuses et sucrées, vendues en grappes ou en barquette, se mangent comme des bonbons. Un rinçage suffit. Elles s'avalent tout rond et ajoutent du teint à une salade de thon (menu 12) ou de verdures sur laquelle on a saupoudré un peu de parmesan râpé. Tranchées en moitiés et déposées sur un pita grillé avec quelques rondelles de bocconcini ou dans une salade grecque avec des cubes de feta, elles font la fête.

Les **champignons frais tranchés** se marient bien aux tomates cerises et aux feuilles d'épinard tendres pour une salade colorée. Ils sont prêts à être cuisinés dans un peu d'huile d'olive avec des légumes verts pour garnir une frittata ou une pizza maison. Mais attention ! ils se conservent moins longtemps que les champignons entiers.

Les conserves

Les **poivrons rouges rôtis, vendus en pot de verre,** se servent égouttés avec un filet d'huile d'olive et un peu de mozzarella ou de feta. Passés au mélangeur avec un soupçon de bouillon de poulet, ils se transforment en un coulis qui accompagne délicieusement des pétoncles grillés ou sautés (menu 24).

Les **tomates séchées conservées dans l'huile d'olive** s'étalent à merveille sur un pain pita ou une croûte de blé à pizza à la place de tomates fraîches. Elles sont également délicieuses avec des olives noires, du poivron rôti, des cubes de feta et des câpres.

Les **tomates italiennes concassées en conserve** s'utilisent facilement dans plusieurs plats.

Les **légumineuses en conserve** constituent d'excellents « aliments-raccourcis » pour improviser un repas midi à la dernière minute. Accompagnées de quelques beaux légumes, d'une vinaigrette bien relevée, elles combleront vos besoins en protéines. Si possible, gardez-en une boîte ou deux au bureau.

Les **poissons en conserve** sont faciles à trouver en boîte d'une portion. Le choix est vaste, surtout pour le **thon à chair pâle** ; on trouve aussi du thon dans l'huile d'olive, assaisonné aux tomates séchées au soleil, au citron et au poivre ou à l'aneth, aux tomates et aux oignons.

Les **sardines** sont également offertes dans différents assaisonnements : sardines et sauce tomate, sardines et citron, sardines à la méditerranéenne ou dans l'huile d'olive.

Les **filets de maquereaux dans l'huile d'olive** sont un pur délice avec des cubes de pomme, des pois verts, de l'oignon vert et de la menthe (menu 18).

La **chair de crabe** en salade, avec un demi-avocat, des sections de pamplemousse rose, un peu de fenouil et de belles feuilles d'épinard, offre fraîcheur et saveur assurées.

Le saumon en conserve ainsi que la salade de saumon rose avec légumes du jardin, agrémentés de tomates cerises, de mesclun, de coriandre fraîche, de quelques câpres et d'une cuillère de vinaigrette maison, dépannent en un tournemain à l'heure du midi.

Le tofu

Le tofu soyeux se conserve plusieurs mois dans le garde-manger. Parmi tous les tofus, c'est celui qui se camoufle le mieux dans les trempettes, les potages, les desserts crémeux et les sauces. Il se substitue à une béchamel dans une chaudrée de poisson et en améliore la valeur nutritive ainsi que la consistance (menu 29).

Le **tofu régulier** tranché et disposé en alternance avec des tranches de tomate, du fromage mozzarella, du pesto et parsemé de parmesan constitue un gratin succulent en peu de temps (menu 43). Ce type de tofu renferme deux fois plus de protéines que le tofu soyeux.

Quelques produits laitiers

Le **yogourt nature** est un aliment polyvalent. Par exemple, il se transforme en vinaigrette avec un filet d'huile d'olive, des fines herbes, du cumin, de la coriandre ou de la menthe, ou en trempette avec un soupçon de miel et de moutarde ou encore de salsa.

Le **fromage râpé** frais, utilisé pour gratiner un plat ou saupoudré sur des pâtes, nous permet de gagner du temps. On trouve aussi du **fromage de chèvre râpé**, qui rehausse de façon superbe la saveur d'un plat à gratiner.

Le **lait UHT**, vendu en portion individuelle dans un contenant cartonné de 250 ml (1 tasse), se conserve plusieurs mois dans le garde-manger. Il dépanne lorsqu'on n'a pas de lait frais et se transporte bien sans réfrigération.

Les surgelés

Parmi les légumes et les légumineuses surgelés offerts sur le marché, notre préférence va aux suivants.

Les **pois verts frais en cosse** sont une exclusivité à capter en juillet, soit une fois l'an. Heureusement, on peut retrouver leur belle saveur sucrée dans la version surgelée. Les **pois verts surgelés** sont offerts toute l'année et n'exigent que peu de temps de cuisson ; ils ajoutent de la couleur et une bonne dose de fer à plusieurs mets, comme le plat de pétoncles sur un nid de pois verts que nous vous proposons (menu 27).

Les **edamames**, ou **haricots de soja frais en cosse ou écossés**, ne sont vendus qu'à l'état surgelé dans la section bio congelée de certains supermarchés ou dans des marchés d'aliments asiatiques. Ils n'exigent que quatre minutes de cuisson dans l'eau bouillante ou au four à micro-ondes. Leur saveur est exquise ; nous les avons d'ailleurs intégrés à un plat gratiné avec bruschetta et fromage râpé (menu 32) ou à une jolie salade tiède (menu 45).

Les marchés d'alimentation offrent aussi de nombreux poissons et fruits de mer surgelés. Les suivants sont particulièrement intéressants.

Les **filets de poisson surgelés individuellement** sont pratiques parce qu'ils se séparent facilement du paquet et dégèlent rapidement. Un ou deux filets suffisent pour un repas pour une personne. Ils sont également meilleurs au goût que les poissons surgelés en bloc. Si la portion souhaitée de filet surgelé est réfrigérée la veille ou le matin même, le poisson est prêt à cuisiner à l'heure du midi. En papillote, dans une soupe provençale ou cuit au four sous un mélange de parmesan et de chapelure maison, il est prêt en 10 minutes ou moins. On peut aussi les cuisiner à l'état congelé et obtenir d'assez bons résultats.

Les **crevettes en sacs congelés** figurent dans tous les comptoirs des mets surgelés des marchés d'alimentation. Certaines crevettes sont petites, d'autres plus grosses ; certaines sont décortiquées, d'autres pas ; certaines sont cuites, d'autres crues. Les **crevettes nordiques, aussi appelées crevettes de Matane,** sont prêtes à manger. Lorsque la portion souhaitée est placée au réfrigérateur la veille ou le matin même, les crustacés sont prêts à l'heure du midi pour une salade nouvel âge à la sauce citronnée (menu 25) ou pour une savoureuse et jolie salade faite de mangue et d'avocat (menu 30). Il suffit de les égoutter avant de les lier aux autres ingrédients.

Les **pétoncles**, maintenant. Il est assez facile de trouver des sacs de petits pétoncles (*bay scallop*) et de gros pétoncles (*sea scallop*) surgelés dans les supermarchés. Les petits pétoncles conviennent bien à la chaudrée soyeuse (menu 29), tandis que les gros, qui sont encore plus savoureux, se dégustent avec fourchette et couteau. Évidemment, il ne faut pas recongeler les pétoncles dégelés et qui n'ont pas été cuits.

Les aliments traiteur

Le **hoummos**, ou **purée de pois chiches**, remplace avantageusement la mayonnaise dans un sandwich ou le beurre sur le pita de blé dans les recettes de croque-monsieur. Avec des carottes crues, il devient trempette goûteuse et nourrissante. De plus, il est offert en plusieurs saveurs : avec purée d'aubergine, aux poivrons rouges, aux herbes ou encore aux piments. On le trouve dans les comptoirs réfrigérés des marchés d'alimentation, à côté des tartinades végétariennes, et dans toutes les épiceries du Moyen-Orient.

La **tapenade**, ou **pâte d'olives noires**, est aussi un heureux substitut du beurre ou de la mayonnaise dans les sandwichs et les croque-monsieur (menus 34). Composée d'olives noires, d'huile d'olive et de sel (la meilleure recette), la tapenade est une source de bon gras monoinsaturé qui favorise la santé cardiovasculaire ; toutefois, comme elle est plutôt salée, il faut y aller mollo. La qualité des tapenades peut varier ; certaines sont vendues en pot de verre dans la section des mets fins importés, d'autres en contenant de plastique à côté du hoummos. Chose certaine, tartinées sur un croûton, un morceau de tofu ou sur un filet de saumon, elles ne laissent personne indifférent.

Le **pesto** est, lui aussi, offert en plusieurs versions. Par exemple, le pesto classique à base de basilic se vend dans un pot de verre, que l'on garde au réfrigérateur une fois ouvert, ou dans un contenant de plastique, dans la section du hoummos et de la tapenade. Il procure une saveur ensoleillée aux soupes, aux pâtes, aux mets tomatés et aux sauces ; il se marie bien aux poissons, à la volaille et aux œufs. Essayez-le dans le gratin de tofu (menu 43) et vous verrez !

Quant à la **bruschetta**, elle remplace la vinaigrette et ajoute saveur et fraîcheur à une salade-repas. Vous pouvez, par exemple, la mélanger à des légumineuses (lentilles, soja, haricots rouges) ou à du poisson en conserve (thon, saumon ou crabe) et servir le tout sur un nid de laitue. Si vous le désirez, vous pouvez additionner à ce plat le jus d'un demi-citron et du pain entier. Vous trouverez aisément la bruschetta dans les comptoirs réfrigérés contenant le hoummos et le tabboulé.

Le **tabboulé**, ou tabbouleh, est une salade de persil libanaise dont la préparation exige temps et patience. Pour notre plus grand bonheur, on le trouve déjà préparé à peu près partout, habituellement dans les comptoirs de salades vendues au poids ou déjà emballé dans un pot de plastique. Plat haut en couleur et en saveur, il s'harmonise délicieusement aux pois chiches, au poisson, à la volaille et aux légumes.

Les **salsas** de légumes et de fruits vendus en pot de verre constituent d'excellents dépanneurs lorsque nous manquons de temps ou d'aliments de base pour composer notre recette maison. Par exemple, le filet de poisson, le blanc de volaille ou les fruits de mer seront ragaillardis s'ils sont accompagnés de salsa.

Les repas dépanneurs : nos trouvailles…

La liste des mets prêts à manger ou à réchauffer s'allonge constamment. Pour faire le point sur le sujet, nous avons demandé à trois stagiaires en diététique de partir à la recherche de repas dépanneurs dans les allées de marchés d'alimentation de toutes sortes : grandes ou moyennes surfaces, magasins d'aliments naturels et épiceries fines.

Comme outil de dépistage, nos collaboratrices avaient en main la liste de nos critères expliqués au chapitre précédent, soit une saveur intéressante, une valeur nutritive adéquate et une préparation rapide. Elles ont donc parcouru des kilomètres et passé des heures à noter le contenu de centaines d'aliments dépanneurs. Et leurs rapports sont éloquents : la plupart du temps, seul le critère de la préparation rapide est satisfait !

La grande majorité des repas dépanneurs offerts par l'industrie alimentaire se composent de pâtes ou de nouilles blanches, de riz blanc, de croûtes de pizza blanches, de pochettes de pain raffiné ou de chaussons de pâte feuilletée. Ces repas riches en féculents et pauvres en fibres renferment trop de glucides et pas assez de protéines ; ils risquent de mener à des baisses d'énergie ou à des fringales de sucre vers 16 h, un phénomène observé régulièrement chez nos clients de la clinique.

Les mets végétariens à base de seitan peuvent avoir une valeur en protéines apparemment adéquate sur l'étiquette, mais scientifiquement, la qualité des protéines du seitan fait défaut (le seitan est la protéine du blé). Dans d'autres plats, c'est la qualité et la quantité des gras ou la quantité des fibres qui font défaut, ou alors c'est le sodium (sel) qui dépasse largement les limites raisonnables. Bref, l'exercice s'est révélé décevant malgré des heures de travail.

Nous avons bien déniché çà et là quelques perles rares, mais ces produits demeurent introuvables dans la majorité des marchés d'alimentation.

Nous vous invitons donc à lire les étiquettes pour vérifier, dans chaque cas, la valeur en protéines, la présence de bons gras et de fibres et pour vous assurer que le mets ne contient pas une foule d'additifs.

Parmi les bons dépanneurs – il y en a tout de même quelques-uns ! –, nous avons retenu quelques poissons en conserve dans l'huile d'olive ou en salade, de même que des salades de légumineuses en conserve avec une vinaigrette. Du côté des réfrigérés, certains plats à base de tofu ou de légumineuses sont intéressants.

Menu 1

Poulet grillé aux herbes

- Jus de légumes
- **Poulet grillé aux herbes**
- Épinards vapeur
- ½ pita de blé entier
- Tranche de melon Honeydew

Poulet grillé aux herbes

1 PORTION

1 c. à café (1 c. à thé) de pistou ou de pesto
1 c. à café (1 c. à thé) d'origan frais, finement coupé
120 g (4 oz) de poitrine de poulet désossée, sans la peau
Sel et poivre

Préchauffer le four à *broil*.

Dans un petit bol, bien mélanger le pistou et l'origan. Mettre la poitrine de poulet dans une assiette allant au four. Saler et poivre. Tartiner les deux côtés de la poitrine de poulet avec le mélange pistou et origan.

Griller au four à 15 cm (6 po) du gril, 5 à 6 min de chaque côté ; le temps de cuisson varie selon l'épaisseur du morceau de poulet. Vérifier si le poulet est bien cuit en pratiquant une petite incision dans la partie la plus épaisse du poulet. Si la chair est blanche, la cuisson est terminée ; si la chair est rose à l'intérieur, continuer la cuisson. À la sortie du four, trancher le poulet en aiguillettes.

Servir chaud avec le jus de cuisson.

Poulet grillé aux herbes

Valeur nutritive	
calories	165
protéines	29 g
glucides	1 g
fibres	0
gras total	5 g
bons gras mono	2 g
poly	1 g

Variante

Remplacer le poulet grillé par une poitrine de poulet cuite, achetée à la rôtisserie ou au comptoir traiteur. Retirer la peau, réchauffer quelques secondes au four à micro-ondes et servir avec les épinards vapeur.

Le pesto dépanneur

Pas de pistou maison ? Le pesto vendu dans les comptoirs réfrigérés des marchés d'alimentation fera très bien l'affaire ! Il se conserve plusieurs semaines au frigo.

Saviez-vous que...

Le basilic, l'ingrédient de base du pesto, est une herbe aromatique exceptionnelle. Son parfum magique redonne vie à des plats fort simples. Sa valeur nutritive est surprenante : 1 c. à soupe de basilic séché renferme 5 fois plus de magnésium qu'un bol de laitue romaine et plus de fer qu'un bol d'épinards frais !

Menu 2

Salade tiède de foies de poulet

- Tomates jaunes et rouges en rosace
- Salade tiède de foies de poulet
- Pain de grains entiers
- Fraises du marché

Salade tiède de foies de poulet

1 PORTION

1 ½ c. à café (1 ½ c. à thé) d'huile d'olive extravierge
1 c. à café (1 c. à thé) de vinaigre de framboise ou de vin rouge
Une noix de moutarde de Dijon
100 g (2 tasses) de feuilles de laitue Boston ou de Lola Rossa (frisée rouge)
Quelques feuilles de marjolaine fraîche ou quelques brins de thym frais
2 à 3 foies de poulet
Sel et poivre

Pour la vinaigrette, mélanger l'huile, le vinaigre et la moutarde.

Déchirer les feuilles de laitue et mélanger avec les herbes.

Ajouter la vinaigrette et touiller bien la salade.

Faire cuire les foies de poulet dans un poêlon antiadhésif.

Ils doivent rester rosés à l'intérieur.

Couper les foies en lanières et déposer sur les verdures.

Saler et poivrer au goût.

Salade tiède
de foies de poulet

Valeur nutritive	
calories	216
protéines	20 g
glucides	6 g
fibres	1 g
gras total	13 g
bons gras mono	6 g
poly	1 g
Excellente source de vitamines A et C, fer, acide folique et zinc	

Variante

Au printemps, lorsque l'agneau est jeune, certains bouchers offrent du foie d'agneau.

On peut aussi jouer avec les herbes : le basilic, l'estragon et le romarin sont des compléments heureux.

Astuces !

À défaut de vinaigre de framboise, un peu de zeste d'orange donne du piquant à la salade.

Saviez-vous que...

Les foies de lapin ont à peu près le même poids et la même grosseur que les foies de poulet et sont délicieux. Leur valeur nutritive est aussi comparable. Quant à leur saveur, elle est très douce. À essayer !

Menu 3

Burger à la dinde, aux pommes et à la sauge

- Épinards et endives en salade
- **Burger à la dinde, aux pommes et à la sauge**
- ½ pita de blé entier
- 1 grappe de raisins bleus

Burger à la dinde, aux pommes et à la sauge

4 PORTIONS

La dinde est plus maigre et souvent plus goûteuse que le poulet. On trouve de la dinde nourrie aux grains dans plusieurs boucheries. On peut l'acheter entière, en morceaux (cuisse complète ou demi-poitrine) ou hachée.

480 g (1 lb) de dinde, hachée
1 pomme Granny Smith ou Délicieuse, pelée et râpée
2 c. à soupe de sauge fraîche, hachée
¼ c. à café (¼ c. à thé) de quatre-épices
1 œuf oméga-3, légèrement battu
1 c. à café (1 c. à thé) d'huile d'olive
Sel et poivre

Mélanger tous les ingrédients sauf l'huile. Saler et poivrer.

Façonner 4 galettes de dinde avec les mains.

Dans un poêlon, chauffer l'huile à feu moyen et cuire les galettes environ 3 à 4 min de chaque côté ou faire griller au four sous le gril.

Servir.

Burger à la dinde, aux pommes et à la sauge

Valeur nutritive	
calories	217
protéines	21 g
glucides	5 g
fibres	1 g
gras total	12 g
bons gras	mono 5 g
	poly 3 g

Variantes

Demander au boucher de hacher de la dinde ou du poulet (poitrine et hauts de cuisse) en portions de 100 g (3 ½ oz). Congeler en portions d'une galette. Préparer d'avance plusieurs variantes de cette recette. À défaut de sauge fraîche, utiliser 2 c. à café (2 c. à thé) de sauge séchée.

Variante végétarienne
En remplaçant la dinde hachée par le produit végétarien *Yves Veggie Cuisine sans viande hachée originale* et en suivant la recette, on obtient 5 burgers qui fournissent au-delà de 15 g de protéines chacun. Fait à partir de protéines de soja surtout, d'épices, de protéines de blé, ce produit est nourrissant et offre une option intéressante. Le produit se manipule mieux ainsi.

Astuce !

On peut congeler les 3 autres burgers non cuits séparément pour d'autres repas. On peut aussi cuire les 4 galettes à la fois, bien refroidir les 3 qui restent et les congeler séparément. Les burgers cuits se réchauffent facilement dans un four à 180 °C (350 °F) pendant 15 min.

Menu 4

Poulet et fruits en salade rafraîchissante

- **Poulet et fruits en salade rafraîchissante**
- Feuilles de laitue vertes et rouges
- Pita de blé entier grillé
- Yogourt à la vanille

Poulet et fruits en salade rafraîchissante

1 PORTION

100 g (1 tasse) de poulet cuit, en cubes ou en languettes
50 g (¼ tasse) de concombre, en dés
1 c. à soupe de pacanes, grillées et hachées grossièrement
2 c. à café (2 c. à thé) d'oignons rouges, hachés
1 poire, pelée et coupée en quartiers

Mettre tous les ingrédients dans un saladier et ajouter la vinaigrette. Bien remuer.

Servir sur des feuilles de laitue rouge et verte.

Vinaigrette à la menthe

1 PORTION

1 c. à soupe de sucre
2 c. à soupe de vinaigre de vin blanc ou de cidre
20 g (½ tasse) de feuilles de menthe fraîche, hachées
2 c. à café (2 c. à thé) de jus de citron
Sel et poivre, au goût

Dans un saladier, faire dissoudre le sucre dans le vinaigre en remuant. Ajouter les autres ingrédients et battre à l'aide d'un petit fouet pour bien mélanger.

Assaisonner au goût.

Poulet et fruits en salade rafraîchissante

Valeur nutritive	
avec vinaigrette	
calories	295
protéines	24 g
glucides	35 g
fibres	7 g
gras total	8 g
bons gras mono	4 g
poly	2 g
Excellente source de fibres et de potassium	

Variantes

À défaut de poulet, un reste de dinde cuite ou de canard cuit fera parfaitement l'affaire.

La poire peut être remplacée par 8 ou 9 boules de cantaloup ou de melon Honeydew ; les cubes de melon déjà préparés et offerts au supermarché font gagner du temps. En été, les nectarines et les pêches offrent une fraîcheur et une saveur exquises.

Les noix de Grenoble, les pignons ou les noisettes peuvent remplacer les pacanes.

Autre option savoureuse : remplacer la menthe par de la coriandre fraîche et le poulet par des crevettes cuites et refroidies ; éliminer le sucre de la vinaigrette et remplacer la poire par des quartiers de clémentine ou d'orange. Résultat : une autre salade tout aussi rafraîchissante !

Les menus midi

Menu 5

Salade tiède de poulet mariné

- Jus de tomate
- **Salade tiède de poulet mariné**
- Pain de grains entiers
- Melon au gingembre

Salade tiède de poulet mariné

1 PORTION

Marinade (recette p. 53)
120 g (4 oz) de poitrine de poulet, désossée et sans la peau et coupée en deux sur l'épaisseur du blanc
90 g (1 ½ tasse) d'épinards, lavés, asséchés et déchirés jen morceaux
2 c. à soupe d'oignons rouges, coupés finement
1 poire, pelée et coupée en petits morceaux
3 noix de cajou, hachées finement
4 à 5 c. à café (4 à 5 c. à thé) de vinaigrette à l'orange

La veille ou le matin, préparer la marinade en mélangeant tous les ingrédients dans un petit bol et verser dans un sac de plastique à fermeture hermétique. Ajouter le morceau de poulet et bien fermer. Réfrigérer 3 à 4 h ou toute la nuit.

Au moment du repas, sortir le poulet du sac, l'égoutter et jeter la marinade. Faire chauffer un poêlon antiadhésif et cuire la poitrine de poulet sur le côté dodu. Réduire la chaleur et continuer la cuisson à feu doux 3 à 4 min de chaque côté. Retirer du feu et couper en aiguillettes.

Pendant la cuisson du poulet, mettre dans un bol tous les ingrédients qui composent la salade et arroser de vinaigrette. La servir aussitôt dans une assiette, avec les aiguillettes de poulet chaud.

Vinaigrette à l'orange

1 PORTION

2 c. à café (2 c. à thé) d'huile d'olive
2 c. à café (2 c. à thé) de jus d'orange
1 c. à café (1 c. à thé) de jus de citron vert ou jaune
½ c. à café (½ c. à thé) de cari
Sel et poivre, au goût

Salade tiède de poulet mariné

Valeur nutritive	
avec vinaigrette et marinade	
calories	397
protéines	31 g
glucides	34 g
fibres	11 g
gras total	17 g
bons gras	mono 11 g
	poly 2 g
Excellente source de vitamines A et C, magnésium et potassium	

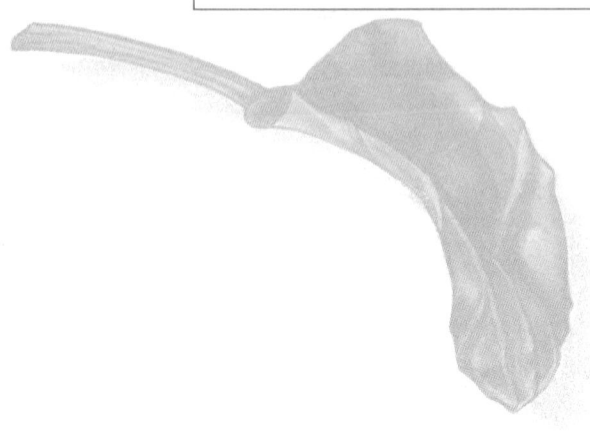

Marinade

1 c. à soupe de vinaigre de riz
2 c. à café (2 c. à thé) de moutarde de Dijon
1 c. à café (1 c. à thé) d'huile d'olive
½ c. à café (½ c. à thé) de tamari léger en sel
½ c. à café (½ c. à thé) de cassonade ou de sirop d'érable

Variante : Marinade à saveur du sud

1 petite gousse d'ail, hachée
2 c. à soupe de coriandre fraîche, hachée
2 c. à café (2 c. à thé) de miel
1 c. à soupe d'huile d'olive extravierge
1 ½ c. à café (1 ½ c. à thé) de vinaigre balsamique
1 ½ c. à soupe de jus de citron vert
¼ c. à café (¼ c. à thé) de cumin
Une pincée de piment d'Espelette

Variante : Marinade au thym et au citron

½ c. à café (½ c. à thé) de zeste de citron
2 c. à soupe de jus de citron
1 c. à soupe de thym frais
2 c. à café (2 c. à thé) d'huile d'olive extravierge
1 c. à café (1 c. à thé) de miel

Marinade

La marinade attendrit le poulet et lui procure une saveur agréable. On peut préparer la marinade d'avance ou encore utiliser une bonne vinaigrette maison. Calculer 2 c. à soupe de marinade par poitrine de poulet. Une fois utilisée, la marinade doit être jetée.

Variantes

Le poulet macéré de cette façon peut être servi avec une jardinière de légumes chauds ou dans un pain tortilla avec quelques crudités finement coupées.

On peut aussi le déguster simplement avec quelques tranches de tomates arrosées de vinaigre balsamique.

Remplacer les feuilles d'épinard par un mesclun prêt à servir, ou toute autre verdure.

Menu 6

Escalope de poulet et chutney aux pêches

- Tomates de toutes les couleurs et vinaigre balsamique
- **Escalope de poulet et chutney aux pêches**
- Quinoa aux herbes
- Framboises et bleuets

Escalope de poulet et chutney aux pêches

1 PORTION

100 g (3 ½ oz) de poitrine de poulet désossée, sans la peau
Sel et poivre, au goût
1 c. à café (1 c. à thé) d'huile d'olive
2 à 3 c. à soupe de chutney aux pêches maison ou du commerce
⅛ c. à café (⅛ c. à thé) de cari, si l'on utilise un chutney du commerce
Feuilles de coriandre fraîche

Mettre le poulet entre deux feuilles de papier paraffiné (ciré) et l'aplatir à l'aide d'un rouleau à pâtisserie.

Assaisonner et cuire sous le gril, ou dans un poêlon avec quelques gouttes d'huile, environ 3 à 4 min de chaque côté.

Ajouter le cari au chutney, mélanger et servir avec le poulet.

Garnir de coriandre.

Escalope de poulet et chutney aux pêches

Valeur nutritive	
calories	221
protéines	21 g
glucides	17 g
fibres	2 g
gras total	7 g
bons gras	mono 4 g
	poly 1 g

Chutney maison

Pour un chutney maison, mélanger une pêche ou une nectarine coupée en gros cubes, une grosse tomate en gros cubes, une petite gousse d'ail, si désiré, 80 ml ($1/3$ tasse) de vinaigre de cidre, 3 c. à soupe de cassonade, 1 c. à café (1 c. à thé) de cari et une pincée de sel. Faire mijoter dans une casserole environ une vingtaine de minutes. Conserver au réfrigérateur.

Astuces !

On peut faire provision de petits pots de saveurs. Dans les épiceries fines, on trouve des confits de poivrons, d'oignons ou de figues, des chutneys à la mangue et bien d'autres surprises. Une cuillerée suffit pour rehausser un plat de poisson ou de poulet.

Menu 7

Salade thaï de poulet

- Jus de carotte et de pomme
- **Salade thaï de poulet**
- Pain multigrains
- Yogourt à l'orange

Salade thaï de poulet

1 PORTION

90 g (3 oz) de poitrine de poulet, cuite et coupée en aiguillettes
150 g (¾ tasse) de chou chinois, tranché finement
100 g (½ tasse) de concombre, en tranches fines
3 c. à soupe de poivrons rouges, en fines lanières
2 c. à soupe d'oignons rouges, en tranches fines
2 c. à soupe de basilic frais, ciselé
2 c. à soupe de menthe fraîche, ciselée
4 à 5 gouttes de sauce piquante aux piments

Dans un saladier, mélanger tous les ingrédients. Garnir de vinaigrette piquante.

Vinaigrette piquante

2 c. à soupe d'oignons verts, hachés finement
1 c. à soupe de jus de citron vert
2 c. à café (2 c. à thé) de vinaigre de riz
2 c. à café (2 c. à thé) de sucre
1 c. à café (1 c. à thé) de sauce de poisson thaï
1 c. à café (1 c. à thé) d'huile de sésame grillée
2 gouttes de sauce piquante aux piments

Mélanger tous les ingrédients, verser sur la salade et bien touiller.

Salade thaï de poulet

Valeur nutritive	
avec vinaigrette	
calories	252
protéines	26 g
glucides	24 g
fibres	4 g
gras total	7 g
bons gras mono	2 g
poly	3 g
Excellente source de vitamines A et C, acide folique, potassium et magnésium	

Ingrédients asiatiques

On trouve la sauce de poisson thaï et le vinaigre de riz dans les supermarchés, les épiceries fines et les épiceries orientales. L'huile de sésame rôtie et la sauce piquante aux piments sont vendues dans les épiceries fines et les épiceries orientales de même que dans les magasins d'aliments naturels.

Variante

Un reste de filet de porc cuit ou de dinde donne de très bons résultats.

Remplacer la sauce piquante par du piment fort, de type jalapeño ou serrano. Utiliser de ¼ à ½ piment haché ; épépiner le jalapeño mais conserver les pépins du serrano, car ils sont difficiles à enlever et à l'origine de sa saveur forte.

Pour passer le restant du chou chinois, voici une autre salade savoureuse : tailler le chou en fines lanières ; ajouter des restes de saumon frais cuit, quelques amandes effilées et de l'oignon vert haché ; lier le tout avec une vinaigrette au yogourt et au fromage bleu ou de chèvre. Le chou chinois agrémente aussi très bien la soupe au miso et au tofu.

Saviez-vous que...

Le chou suggéré dans cette recette porte le nom de chou de Pékin ou pé-tsaï ; dans les rayons des légumes des supermarchés, on le nomme simplement chou chinois. Il existe au moins 33 variétés de ce légume, de la famille des crucifères. Le chou pak-choï (ou bok-choy) avec ses grosses tiges blanches et ses feuilles vert foncé, est une variété connue, mais il ne convient pas à cette recette.

Menu 8

Croque-poulet

- Mesclun de verdures
- **Croque-poulet**
- ½ pita de blé entier
- Salade de fruits saisonniers

Croque-poulet

1 PORTION

½ pita de blé entier de 15 cm (6 po) de diamètre, grillé
1 c. à soupe de tapenade du commerce
90 g (3 oz) de poitrine de poulet, cuit
2 c. à soupe d'oignons, hachés grossièrement
Quelques lanières de poivron rouge
1 à 2 tranches de tomate fraîche
Sel et poivre, au goût
Quelques feuilles de basilic frais, ciselées
15 g (½ oz) de mozzarella partiellement écrémée

Préchauffer le four à *broil*.

Tartiner le pita de tapenade.

Ajouter le poulet, les oignons, les poivrons, les tomates et assaisonner. Garnir de basilic et de fromage.

Mettre le croque-poulet sur une plaque à pâtisserie et griller au four à 15 cm (6 po) du gril jusqu'à ce que le fromage soit fondu.

Croque-poulet

Valeur nutritive	
calories	368
protéines	33 g
glucides	26 g
fibres	4 g
gras total	13 g
bons gras mono	8 g
poly	2 g
Excellente source de vitamines A et C et de potassium	

Variantes

À défaut de poulet cuit, faire griller dans un poêlon une petite poitrine de poulet avec 1 c. à café (1 c. à thé) d'huile d'olive, environ 4 min de chaque côté.

Tartiner le pain pita avec 2 c. à soupe d'hoummos ou de babaganough, puis ajouter le poulet, une belle tranche de tomate, du basilic frais haché et/ou du thym frais et du fromage mozzarella ou du parmesan frais et passer sous le gril. On trouve l'hoummos et le babaganough au supermarché.

Variante végétarienne
Remplacer la poitrine de poulet par 4 tranches de simili-dinde *Yves Veggie Cuisine* à base de protéines de soja afin d'obtenir 15 g de protéines. Faire la recette selon le mode proposé ci-dessus.

Saviez-vous que...

Pour une saveur ajoutée, dorer les oignons et les poivrons quelques minutes dans l'huile d'olive avant de les déposer sur le poulet.

Menu 9

Foie de veau grillé au vinaigre balsamique

- Champignons crus en salade
- Foie de veau grillé au vinaigre balsamique
- Tomate grillée
- Pain de blé entier
- Mangue du Mexique

Champignons crus en salade

1 PORTION

200 g (1 tasse) de champignons blancs frais
1 c. à soupe de jus de citron
1 oignon vert, finement haché
2 c. à café (2 c. à thé) d'huile d'olive
Sel et poivre, au goût

Doucher et assécher les champignons. Tailler en gros morceaux. Arroser de jus de citron. Ajouter les autres ingrédients, assaisonner et servir. (Cette recette peut se faire d'avance et se conserve au réfrigérateur.)

Champignons crus en salade

Valeur nutritive	
calories	109
protéines	2 g
glucides	5 g
fibres	1 g
gras total	10 g
bons gras mono	6 g
poly	1 g

Du foie bio ?

Si vous pouvez acheter du foie bio, n'hésitez pas ! Une portion de 125 g (environ 4 oz) renferme la bonne dose de protéines et peu de gras. Le foie étant l'entrepôt général de l'organisme, il contient des réserves importantes de fer, de vitamine A, d'acide folique, de riboflavine et de pyridoxine, mais accumule aussi des substances moins intéressantes. Moins l'animal a reçu de médicaments, notamment des antibiotiques, ou consommé de pesticides dans sa nourriture, plus le rapport bénéfices-risques est intéressant. C'est le cas du foie bio.

Foie de veau grillé au vinaigre balsamique

1 PORTION

1 tranche de foie de veau bien frais d'environ 120 g (4 oz)
1 c. à soupe de jus de citron, fraîchement pressé
1 c. à café (1 c. à thé) de vinaigre balsamique
½ c. à café (½ c. à thé) de moutarde de Dijon
1 c. à café (1 c. à thé) d'huile d'olive
1 oignon vert, finement haché

Dans une assiette allant au four, déposer la tranche de foie.

Dans un petit bol, mélanger le jus de citron, le vinaigre et la moutarde. Verser sur la tranche de foie. Arroser avec l'huile. Griller au four à 15 cm (6 po) du gril 3 min de chaque côté. Sortir du four, saupoudrer d'oignon vert et servir aussitôt.

Foie et cholestérol

Il est vrai que le foie et les rognons renferment plus de cholestérol que les autres viandes maigres. Cela dit, les abats font partie d'une alimentation saine et fournissent autant de vitamines et de minéraux que certains suppléments. À consommer une fois la semaine, avec bonheur et bénéfices ! Une personne ayant un taux élevé de cholestérol n'a aucune raison de se priver du foie, à condition d'éviter le beurre frit et les traditionnelles tranches de bacon. Elle a toutefois avantage à limiter le gras saturé et à éviter le gras hydrogéné.

Foie de veau grillé au vinaigre balsamique

Valeur nutritive	
calories	221
protéines	22 g
glucides	8 g
fibres	0
gras total	10 g
bons gras mono	5 g
poly	1 g
Excellente source de fer et de zinc. Exceptionnellement riche en vitamine A et en acide folique	

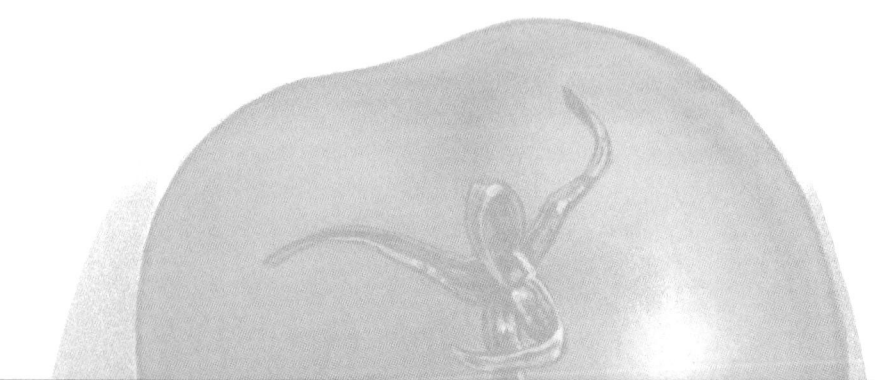

Tomate grillée

1 PORTION

½ tomate ferme, coupée sur la largeur
Sel aux fines herbes
1 c. à café (1 c. à thé) de tapenade (voir p. 193) ou de chapelure maison (voir p. 90)

Déposer la demi-tomate dans l'assiette allant au four. Assaisonner de sel aux fines d'herbes et recouvrir de tapenade. (Utiliser une tapenade du commerce.)

Griller au four à 15 cm (6 po) de l'élément environ 6 min.

Servir aussitôt avec le foie.

Tomate grillée

Valeur nutritive	
calories	43
protéines	1 g
glucides	4 g
fibres	1 g
gras total	3 g
bons gras	mono 2 g
	poly traces

Variante

Que l'on utilise du foie de bœuf, de dinde, d'agneau ou de porc, les résultats sont comparables.

Important : On peut remplacer le mélange vinaigre balsamique et moutarde de Dijon par un mélange fait de 2 c. à café (2 c. à thé) de jus de citron et de 2 c. à café (2 c. à thé) de tamari. Autre option : ajouter un soupçon d'ail et de gingembre frais à ce mélange ; ce sera encore meilleur.

Le vinaigre balsamique

Inconnu ou presque il y a 15 ans, le vinaigre balsamique fait maintenant partie des ingrédients chouchou de la cuisine québécoise contemporaine. Fabriqué traditionnellement dans la région de Modène, en Italie, à partir de raisins sucrés, cueillis bien mûrs et conservés dans des barils de bois durs comme le chêne, le genévrier, l'acacia et le frêne, le vinaigre balsamique peut vieillir de 15 à 25 ans. Évidemment, plus il est vieux, plus il est cher. Sa saveur, plus douce que celle du vinaigre de vin ordinaire, permet des mariages inédits et goûteux.

MENU 10

Truite grillée aux herbes fraîches

- Jus de légumes
- **Truite grillée aux herbes fraîches**
- Salade tomates et épinards
- Pain entier
- Poire en quartiers

Truite grillée aux herbes fraîches

1 PORTION

1 filet de truite avec la peau de 120 g (4 oz)
1 c. à café (1 c. à thé) de vinaigre de vin
1 c. à café (1 c. à thé) d'huile d'olive extravierge
Sel et poivre, au goût
1 c. à soupe d'oignons verts, hachés
1 c. à café (1 c. à thé) de chaque herbe fraîche :
  estragon, basilic et fenouil, hachés

Mélanger le vinaigre et l'huile et badigeonner le filet de truite.

Assaisonner.

Parsemer les herbes hachées sur le filet.

Faire griller au four sur une plaque à pâtisserie huilée, environ 5 min à 15 cm (6 po) du gril, jusqu'à ce que la chair du poisson soit rose pâle.

Les menus midi

Truite grillée aux herbes fraîches

Valeur nutritive	
calories	231
protéines	26 g
glucides	1 g
fibres	0
gras total	13 g
bons gras	mono 8 g
	poly 2 g

Variante

Remplacer la truite par du saumon ou un poisson blanc.

La truite saumonée et le saumon sont deux poissons riches en gras oméga-3 : une portion de 120 g (4 oz) de truite ou de saumon fournit un peu plus de 1 g de gras oméga-3, soit la dose quotidienne recommandée par les experts pour prévenir les problèmes cardiovasculaires.

Astuces !

À défaut d'herbes fraîches, utiliser ½ c. à café (½ c. à thé) de chaque herbe séchée. Varier les herbes pour explorer de nouvelles saveurs.

Le jus de citron peut remplacer le vinaigre de vin.

Saviez-vous que...

On trouve les oméga-3 dans les poissons gras, principalement. Ces gras ont des propriétés anti-inflammatoires qui peuvent aider à soulager les douleurs articulaires ou arthritiques.

MENU 11

Omelette au thon

- **Omelette au thon**
- Salade d'épinards
- ½ pita de blé entier, grillé au four
- Une grosse prune rouge

Omelette au thon

1 PORTION GÉNÉREUSE

1 c. à café (1 c. à thé) d'huile d'olive provenant de la conserve de thon
½ petit oignon, haché grossièrement
Sel et poivre, au goût
75 g (½ tasse) de tomates fraîches ou en conserve, en dés et égouttées
90 g (3 oz) de thon pâle dans l'huile d'olive en conserve, égoutté et brisé en petits morceaux
1 œuf oméga-3, battu

Dans un poêlon, chauffer l'huile réservée de la conserve de thon à feu moyen.

Ajouter les oignons et les attendrir jusqu'à ce qu'ils colorent, environ 2 à 3 min. Saler.

Ajouter les tomates et cuire 5 à 6 min en remuant de temps en temps. Poivrer. Ajouter le thon aux légumes cuits et réserver.

Nettoyer le poêlon avec un papier absorbant en laissant un peu d'huile, cuire l'œuf à feu doux en ajoutant le mélange de légumes au thon. Bien répartir dans l'œuf.

Cuire environ 4 à 5 min, jusqu'à ce que le dessous de l'omelette soit doré.

Glisser sur une assiette.

Omelette au thon

Valeur nutritive	
calories	237
protéines	22 g
glucides	5 g
fibres	1 g
gras total	14 g
bons gras mono	8 g
poly	4 g

Variantes

Les tomates, les poivrons et les courgettes sont interchangeables, à volonté, dans cette recette.

L'oignon vert remplace facilement l'oignon régulier ; 2 à 3 oignons verts équivalent à un petit oignon.

Les protéines

L'œuf est une excellente source de protéines, très bien utilisées par l'organisme. Toutefois, un seul œuf ne fournit pas assez de protéines pour un repas. Enrichie d'un peu de thon en conserve, cette omelette dépasse les 15 g de protéines recommandés, mais sans exagération. Elle met à l'abri des fringales.

Saviez-vous que...

Le thon pâle en conserve renferme 7 fois moins de mercure que le thon blanc, aussi appelé «albacore». C'est ce que révèlent des analyses récentes effectuées à l'Université du Québec à Montréal.

Un œuf oméga-3 contient de 8 à 10 fois plus de gras oméga-3 qu'un œuf régulier et de 5 à 8 fois plus de vitamine E.

Menu 12

Salade de thon improvisée

- Salade de thon improvisée
- Pain complet
- ½ mangue mexicaine

Salade de thon improvisée

1 PORTION

90 g (3 oz) de thon pâle dans l'huile d'olive, en conserve
Verdures du marché (roquette, mesclun, romaine, feuilles d'épinards tendres)
10 tiges de coriandre fraîche
2 c. à café (2 c. à thé) de câpres, égouttées
5 à 6 petites tomates cerises
1 c. à café (1 c. à thé) de jus de citron frais

Égoutter le thon en conservant 2 à 3 c. à café (2 à 3 c. à thé) d'huile d'olive. Le briser en morceaux et le mettre dans un grand saladier. Ajouter les verdures, la coriandre, les câpres et les tomates. Dans un petit bol, mélanger l'huile d'olive conservée et le jus de citron. Verser sur la salade et touiller généreusement.

Ce type de repas se transporte aussi bien au bureau.

Salade de thon improvisée

Valeur nutritive	
calories	283
protéines	24 g
glucides	8 g
fibres	3 g
gras total	17 g
bons gras mono	10 g
poly	3 g
Excellente source de vitamine C, acide folique et potassium	

Variante

Pour prendre un peu d'avance, faire cuire, au repas de la veille, un plus gros morceau de saumon frais ou une poitrine de poulet de plus. Le repas du midi sera alors vite fait!

Quelques olives ou des tomates séchées dans l'huile, des pointes d'asperges cuites, des lanières de poivron doux, voilà d'autres ajouts qui agrémenteront la saveur et le coup d'œil. N'oublions pas que nous mangeons avec nos yeux d'abord!

Même sans câpres ou coriandre fraîche, cette salade est savoureuse.

Astuces!

Le repas du midi se prépare en un tournemain si on s'assure de toujours avoir des verdures au réfrigérateur et du poisson en conserve : thon, saumon, chair de crabe, sardines ou maquereau.

Saviez-vous que...

La roquette (en anglais *arugula*) est une verdure délicieuse de la famille des crucifères. On la trouve facilement durant la saison estivale. Plus rare en hiver, elle se présente alors dans des barquettes de fines herbes. Quelques branches suffisent pour rehausser la saveur d'une salade.

Menu 13

Poisson parmesan minute

- **Poisson parmesan minute**
- Tomates en tranches
- Salade de riz sauvage du commerce
- Fruit frais

Poisson parmesan minute

1 PORTION

Le tilapia est un poisson blanc originaire de l'Amérique du Sud. Sa texture est plus ferme que celle de la sole ou de la morue, et sa saveur, plus fine. Il se vend frais ou congelé. Les filets surgelés individuellement sont particulièrement pratiques, car ils permettent de cuisiner un ou deux filets à la fois. À défaut de tilapia, utiliser tout autre poisson blanc (morue, aiglefin, turbot ou sole).

90 g (3 oz) de filet de tilapia frais ou décongelé
1 c. à café (1 c. à thé) d'huile d'olive
20 g (¾ oz) de parmesan fraîchement râpé
3 à 4 c. à café (3 à 4 c. à thé) de chapelure maison
4 c. à café (4 c. à thé) de persil frais, finement haché

Préchauffer le four à 220 °C (425 °F).

Mettre le filet de poisson dans un plat allant au four badigeonné d'huile.

Recouvrir de parmesan puis saupoudrer de chapelure et de persil.

Cuire 10 min ou jusqu'à ce que le poisson soit blanc et qu'il se défasse facilement en flocons.

Servir avec quelques tranches de tomates fraîches saupoudrées de basilic et une petite salade de riz sauvage du commerce.

Poisson parmesan minute

Valeur nutritive	
calories	260
protéines	29 g
glucides	7 g
fibres	0 g
gras total	12 g
bons gras mono	6 g
poly	1 g
Excellente source de calcium	

La chapelure

La chapelure vendue dans le commerce renferme souvent du gras hydrogéné, ce qui n'est pas idéal dans un menu santé. La chapelure maison se prépare facilement à partir de pain de grains entiers vieux de quelques jours. Voici la façon de procéder : mettre quelques tranches de ce pain durci dans un robot de cuisine ou un petit moulin à café et réduire en chapelure. Étendre le tout sur une plaque à pâtisserie et placer au four à 150 °C (300 °F) pendant 30 à 60 min ou jusqu'à ce que la chapelure soit dorée et bien sèche. Conserver dans un contenant hermétique au réfrigérateur.

Variante

Tartiner le filet de poisson avec un mélange fait de 2 c. à soupe de yogourt nature, ½ c. à café (½ c. à thé) de moutarde de Dijon et ½ c. à café (½ c. à thé) d'huile d'olive. Cuire à 220 °C (425 °F) environ 10 min ou jusqu'à ce que le poisson soit blanc et qu'il se défasse facilement en flocons.

Saviez-vous que...

L'espadon, le requin et le thon frais sont parmi les poissons qui renferment le plus de mercure.

Menu 14

Œufs brouillés au saumon fumé

- Salade de carottes râpées
- Œufs brouillés au saumon fumé
- Pain de seigle
- Poire au gingembre en compote minute

Œufs brouillés au saumon fumé

1 PORTION

2 œufs oméga-3 ou bio
2 c. à soupe de lait
1 c. à café (1 c. à thé) d'huile d'olive
30 g (1 oz) de saumon fumé, ou 2 minces tranches, taillées en petits morceaux
Sel et poivre, au goût
1 c. à soupe de ciboulette, ciselée ou 1 oignon vert, finement coupé

Dans un petit bol, battre les œufs et le lait.

Dans un petit poêlon antiadhésif, verser l'huile et laisser réchauffer à feu doux environ 1 min.

Ajouter les œufs et remuer sans arrêt.

Avant qu'ils ne deviennent secs, ajouter le saumon fumé.

Retirer du feu. Saler et poivrer. Garnir de ciboulette ou d'oignons verts.

Servir aussitôt.

Poire au gingembre en compote minute

1 PORTION

1 poire pelée, en quartiers
Une pincée de gingembre moulu

Mettre les quartiers de poire dans un plat allant au four à micro-ondes. Saupoudrer de gingembre.

Cuire environ 2 min. Servir avec un nuage de yogourt nature, si désiré.

Œufs brouillés au saumon fumé

Valeur nutritive	
calories	233
protéines	19 g
glucides	2 g
fibres	0
gras total	15 g
bons gras	mono 8 g
	poly 3 g

Les œufs oméga-3

Deux œufs oméga-3 contiennent 0,8 g de ce type de gras, soit 8 fois plus que les œufs ordinaires, parce que les poules ont été nourries avec des graines de lin. Les gras oméga-3 protègent contre les arrêts cardiaques lorsqu'ils sont présents en quantité suffisante et que le reste de l'alimentation ne renferme pas trop de gras saturé ou trans.

Les œufs bio

Les œufs biologiques sont pondus par des poules libres de courir dans le poulailler, où se trouvent leurs nids et leurs perchoirs. Ces poules ne mangent que de la moulée exempte d'herbicide, d'insecticide, de produits ou d'engrais chimiques et de tout ingrédient d'origine animale.

Le saumon fumé

Le saumon fumé renferme environ 1,3 g de gras oméga-3 par 100 g. Le traitement à la chaleur et à la fumée détruit une partie des polluants présents dans le saumon d'élevage, mais en ajoute d'autres. À consommer à l'occasion seulement !

Saviez-vous que...

Les poires renferment peu de vitamine C, tout comme les pommes d'ailleurs, mais elles procurent un peu plus de fibres, de fer et d'acide folique que ces dernières. Vendues tout au long de l'année sous différentes formes, couleurs et saveurs, elles constituent une agréable fin de repas.

Menu 15

Soupe de poisson à la provençale

- Endive et **trempette au yogourt**
- Soupe de poisson à la provençale
- Fougasse aux olives
- Raisins rouges ou verts glacés

Trempette au yogourt

(se prépare la veille ou une fois la semaine)

250 ML
(1 TASSE)

250 g (1 tasse) de yogourt nature
3 c. à soupe de tahini ou de beurre de sésame
Le jus d'un demi-citron
1 c. à soupe de ciboulette ou d'oignons verts, finement hachés

Dans un bol moyen, mélanger tous les ingrédients. Rectifier l'assaisonnement. Réfrigérer.

Se conserve plusieurs jours au réfrigérateur.

Soupe de poisson à la provençale

1 PORTION

2 c. à soupe d'oignons, finement coupés
½ c. à café (½ c. à thé) d'huile d'olive
125 ml (½ tasse) de tomates en dés, en conserve
125 ml (½ tasse) de bouillon de légumes ou de poulet
120 g (4 oz) de poisson blanc non cuit, coupé en morceaux (sole, morue, aiglefin, turbot)
1 c. à soupe de pistou maison ou de pesto du commerce
Sel et poivre

Dans une casserole moyenne, faire dorer les oignons dans l'huile environ 2 min ; ajouter les tomates, le bouillon et porter à ébullition.

Réduire la chaleur et ajouter les morceaux de poisson, cuire 1 à 2 min, jusqu'à ce que le poisson soit blanc et opaque.

Ajouter le pistou, assaisonner au besoin.

Servir aussitôt dans une assiette creuse ou un bol à soupe.

Soupe de poisson à la provençale

Valeur nutritive	
calories	300
protéines	26 g
glucides	13 g
fibres	3 g
gras total	16 g
bons gras	mono 9 g
	poly 3 g

Pistou

8 CUBES

125 ml (½ tasse) d'huile d'olive extravierge
3 à 4 gousses d'ail, écrasées
80 g (2 tasses) de feuilles de basilic, bien tassées

Verser l'huile dans un mélangeur, ajouter l'ail et mixer. Incorporer graduellement le basilic et réduire en purée. Verser le mélange dans un bac à glaçons et mettre au congélateur. Lorsque les cubes de pistou sont congelés, les mettre dans un petit sac de congélation. Ils se conservent de 8 à 10 mois. Un cube renferme environ 2 c. à soupe.

Raisins rouges ou verts glacés

1 PORTION

1 grappe de raisins rouges ou verts

Retirer les raisins de la tige, les laver et les congeler dans un petit sac de congélation.

Décongeler 5 min avant de servir.

Savourer.

Le pistou

Condiment provençal par excellence, le pistou est une purée composée de basilic, d'huile d'olive et d'ail. Le pesto, originaire d'Italie, renferme du parmesan râpé et des pignons en plus de ces ingrédients de base. Les deux se préparent facilement à la maison lorsque le marché déborde de basilic frais. Sinon, on trouve facilement du pesto tout fait dans le commerce.

Les poissons blancs

Les poissons de mer comme la sole, la morue, l'aiglefin et le turbot renferment peu de gras et peu de polluants. Ils sont offerts toute l'année, frais ou congelés. Impossible d'aller chez le poissonnier au dernier moment ? Les filets surgelés individuellement sont alors tout indiqués, car on peut en cuisiner un ou deux à la fois. Il suffit de sortir le filet du congélateur le matin même, de le placer au frigo et de le cuisiner le midi ! On peut même sortir le filet surgelé au dernier moment et allonger la cuisson de quelques minutes.

Saviez-vous que...

On parle des bénéfices santé du vin rouge, mais on oublie que la substance antioxydante présente dans le vin provient du raisin frais. Les raisins rouges frais constituent une excellente source d'anthocyanines, des antioxydants reconnus pour la santé du cœur et des yeux.

MENU 16

Poisson blanc en papillote

- Jus de légume
- **Poisson blanc en papillote**
- Quinoa ou riz brun
- Bettes à cardes au naturel
- Melon

Poisson blanc en papillote

1 PORTION

1 c. à café (1 c. à thé) d'huile d'olive
1 oignon vert, incluant la partie verte, haché
100 g (½ tasse) de bulbe de fenouil, haché
1 carotte moyenne, en rondelles
2 c. à soupe de bouillon de poulet
1 c. à café (1 c. à thé) de tamari léger sans sel
2 c. à soupe de ciboulette fraîche, hachée
1 c. à soupe de jus de citron
1 filet de turbot ou de sole ou d'aiglefin de 120 g (4 oz)

Préchauffer le four à 230 °C (450 °F). Faire chauffer l'huile dans un poêlon à feu moyen et cuire les légumes environ 4 min. Ajouter le bouillon, le tamari et continuer la cuisson encore 2 min.

Ajouter la ciboulette et le jus de citron.

Mettre les légumes cuits au centre d'un morceau de papier sulfurisé ou d'aluminium, déposer le filet de poisson sur les légumes, saler et poivrer. Rabattre les deux côtés du papier et plier pour bien sceller.

Mettre la papillote sur une plaque à pâtisserie et cuire environ 10 min selon l'épaisseur du poisson.

Servir dans le papier sur une assiette.

Poisson en papillote

Valeur nutritive	
calories	281
protéines	30 g
glucides	26 g
fibres	9 g
gras total	7 g
bons gras mono	4 g
poly	1 g
Excellente source de vitamines A et C, acide folique, fibres et potassium	

Règle d'or pour la cuisson du poisson

La chair du poisson aime la chaleur intense, mais pour une courte durée. On compte 10 min de cuisson à 230 °C (450 °F) par 2,5 cm (1 po) d'épaisseur du poisson, mesuré dans la partie la plus épaisse. La cuisson en papillote au four convient à tous les poissons, mais particulièrement aux moins gras d'entre eux. À défaut de légumes cuits dans la papillote, un mélange d'herbes fraîches ou séchées aromatisera la chair douce du poisson blanc. À découvrir : l'estragon avec les poissons à chair rosée.

Variante

Pour une saveur différente mais très heureuse, mettre sur le filet de poisson une gousse de vanille, fendue en deux sur la longueur, avant de refermer la papillote.

Le quinoa

Le quinoa ne fait pas partie des grains entiers sur le plan botanique, mais il en possède les atouts nutritionnels. Il est riche en fibres, contient plus de fer que le riz brun, du magnésium, du calcium, du zinc, de la vitamine E et des vitamines du complexe B. Non cuit, il a l'apparence du couscous. Cuit, il dégage un goût subtil de noisette.

Avant de le cuire, il faut le rincer à l'aide d'une passoire fine, sous le robinet d'eau fraîche durant 1 min, pour enlever les saponines qui peuvent donner une saveur un peu amère.

Calculer 500 ml (2 tasses) d'eau ou de bouillon pour 200 g (1 tasse) de quinoa rincé. Laisser tomber le quinoa rincé dans le liquide bouillant sans remuer et cuire à couvert, à feu très doux, durant 20 min. Si, par malheur, le quinoa s'agglutine après la cuisson, sauver la situation en le tassant délicatement dans un ramequin ou un petit bol en verre individuel. Une fois déposé dans l'assiette, le quinoa formera une jolie timbale !

Menu 17

Saumon à la marocaine

- Saumon à la marocaine
- Salade de feuilles d'épinards tendres et d'orange
- Compote de rhubarbe et de fraise

Saumon à la marocaine

1 PORTION

Pour s'assurer d'avoir du poisson frais, fréquenter une poissonnerie achalandée et demander quels sont les jours d'arrivage des poissons ; ces jours-là, réclamer le poisson du jour. La fraîcheur se manifestera par une chair luisante et un parfum de mer.

1 filet de saumon ou de truite saumonée
  d'environ 150 g (5 oz)

Marinade (sauce chermoula)

(à préparer la veille ou tôt le matin)

1 gousse d'ail, écrasée avec ¼ c. à café (¼ c. à thé) de sel
2 c. à soupe de coriandre fraîche, hachée finement
1 ½ c. à soupe de persil italien, haché finement
¼ c. à café (¼ c. à thé) de paprika doux
¼ c. à café (¼ c. à thé) de cumin moulu
Un soupçon de cayenne
2 c. à soupe d'huile d'olive extravierge
2 c. à soupe de jus de citron

Mélanger tous les ingrédients de la marinade dans un sac de plastique hermétique, ajouter le filet de saumon et laisser mariner toute la nuit ou 3 à 4 h au réfrigérateur. Retirer le saumon du sac et le mettre sur une plaque à pâtisserie recouverte de papier d'aluminium.

Jeter la marinade.

Préchauffer le four à 230 °C (450 °F). Cuire le filet sur la grille centrale du four environ 10 min.

Saumon à la marocaine

Valeur nutritive	
calories	307
protéines	33 g
glucides	3 g
fibres	1 g
gras total	18 g
bons gras mono	10 g
poly	3 g
Excellente source de magnésium et potassium	

Variante : Marinade au sirop d'érable

1 PORTION

1 c. à soupe de jus de citron
1 c. à soupe de sirop d'érable
1 c. à soupe d'huile d'olive

Mélanger tous les ingrédients dans un sac de plastique hermétique. Ajouter le filet de saumon et laisser mariner 2 h ou plus au réfrigérateur.

Le saumon

Le saumon d'élevage

L'étude publiée en 2004 dans la revue *Science* concernant la contamination au BPC des saumons d'élevage n'a suscité aucune mise en garde de la part de Santé Canada ni de la Food and Drug Administration (FDA) aux États-Unis. La raison : les niveaux de polluants pour les saumons du Canada étaient à l'intérieur des normes tolérées. Pour plus de précaution, retirer la peau et le gras extérieur du saumon avant la cuisson. Mieux vaut varier les sortes de poisson et continuer à en manger quelques fois par semaine que de cesser leur consommation, selon les experts de la communauté scientifique.

L'origine de la sauce chermoula

La sauce chermoula vient du Maroc, où elle est utilisée comme marinade pour le poisson ou comme sauce avec les légumes. Il y a autant de recettes de sauce chermoula qu'il y a de recettes de tourtières au Québec, chacun y ajoutant ses propres épices. Dans tous les cas, elle est composée d'un mélange d'herbes et d'épices en suspension dans l'huile d'olive.

Seuls le cumin et le paprika doux s'y trouvent toujours; la coriandre fraîche est très souvent de la recette.

Les légumes jaunes comme les carottes et les courges d'hiver (courge poivrée, courge Buttercup et courge turban) se marient bien à la sauce chermoula.

Cuisson au barbecue

Le saumon ainsi mariné cuit aisément sur le barbecue. Calculer 10 min de cuisson par 2,5 cm (1 po) d'épaisseur du poisson mesuré dans la partie la plus épaisse.

Valeur nutritive

Le saumon et la truite saumonée sont deux bonnes sources de gras oméga-3. Trois repas de poisson ou plus par semaine favorisent une meilleure santé des artères.

Menu 18

Pomme, pois verts et maquereau en salade

- Pomme, pois verts et maquereau en salade
- Chiffonnade de feuilles d'épinards
- Baguette de blé entier
- Poire en quartiers

Pomme, pois verts et maquereau en salade

1 PORTION

120 g (4 oz) de filets de maquereau en conserve dans l'huile d'olive
150 g (½ tasse) de pois verts congelés, cuits
½ pomme Granny Smith, pelée et coupée en cubes
2 c. à café (2 c. à thé) de jus de citron
1 oignon vert, finement coupé
1 à 1 ½ c. à café (1 à 1 ½ c. à thé) de menthe fraîche, finement ciselée
1 c. à café (1 c. à thé) d'huile d'olive (de la conserve)
Feuilles d'épinards, lavées et essorées

Égoutter les filets de maquereau et conserver 1 c. à café (1 c. à thé) d'huile d'olive. Cuire les pois dans 1 c. à soupe d'eau, 2 min au four à micro-ondes, puis égoutter. Dans un saladier, émietter le maquereau, ajouter les pois, les pommes, le jus de citron, les oignons verts, la menthe et l'huile de la conserve. Mélanger délicatement. Rectifier l'assaisonnement. Servir sur des feuilles d'épinards légèrement déchirées.

Pomme, pois verts et maquereau en salade

Valeur nutritive	
calories	334
protéines	32 g
glucides	22 g
fibres	5 g
gras total	13 g
bons gras	mono 6 g
	poly 3 g
Excellente source de calcium et de fer	

Le maquereau

Le maquereau est un poisson extraordinaire. Il fournit non seulement des protéines, mais aussi des doses exceptionnelles de gras oméga-3, soit deux fois plus que le saumon. On le trouve à l'état frais chez le poissonnier en saison estivale, et en conserve tout au long de l'année.

Les gras oméga-3

Les gras oméga-3 ressortent grands gagnants des recherches scientifiques récentes, grâce à leurs effets anti-inflammatoires, à leur capacité de réduire les triglycérides dans le sang et à leur effet protecteur sur le système cardiovasculaire. Une dose de 1 g par jour est jugée adéquate, par les experts, pour prévenir les maladies cardiovasculaires. Pour les personnes atteintes de problèmes cardiaques, on recommande une dose quotidienne de 2 g. Une portion de maquereau en fournit au moins 3 g !

Saviez-vous que...

Une étude menée auprès de 220 000 individus pendant 11 ans a révélé que le fait de manger au moins 5 repas de poisson par semaine pouvait réduire de 38 % les risques de maladies cardiovasculaires.

Menu 19

Pita au thon et aux poivrons grillés

- Pita au thon et aux poivrons grillés
- ½ pita de blé entier
- Endive, laitue Boston et roquette
- Clémentines

Purée de poivrons grillés

2-3 PORTIONS

1 petite gousse d'ail, écrasée
½ poivron grillé en pot, égoutté et rincé
1 c. à café (1 c. à thé) de pâte de tomates

À l'aide d'un mini-robot de cuisine ou d'un mélangeur, réduire tous les ingrédients en purée et réserver.

Pita au thon et aux poivrons grillés

1 PORTION

90 g (3 oz) de thon pâle en conserve, dans l'huile d'olive, égoutté (réserver 1 c. à café/1 c. à thé d'huile)
2 c. à café (2 c. à thé) de câpres, égouttées
2 c. à soupe de persil italien, haché
1 c. à café (1 c. à thé) de jus de citron
60 à 80 g (¼ à ⅓ tasse) de poivrons grillés en pot, égouttés et coupés en lanières
1 à 2 c. à soupe de purée de poivrons grillés
1 tranche d'oignon rouge, grillée de 2 à 3 min au four, sous le gril
½ pita de blé entier, grillé

Dans un petit bol, mélanger le thon et l'huile réservée. Ajouter les câpres, le persil, le jus de citron et les poivrons. Assaisonner.

Étendre la purée de poivron sur le pita grillé. Ajouter le mélange de thon et badigeonner sur toute la surface du pain.

Garnir avec la tranche d'oignon grillée et servir.

Pita au thon et aux poivrons grillés

Valeur nutritive	
calories	337
protéines	30 g
glucides	27 g
fibres	4 g
gras total	13 g
bons gras mono	6 g
poly	3 g
Excellente source de vitamines A et C, et magnésium	

Le thon en conserve

On trouve sur le marché plusieurs marques de thon en conserve dans l'huile. Nous privilégions le thon pâle conservé dans l'huile d'olive. Pâle, car il renferme moins de mercure que le thon blanc (albacore) ; dans l'huile d'olive, car cette huile est très saine et peut servir en partie dans la vinaigrette de la salade. On peut aussi opter pour le thon conservé dans l'eau ou dans le bouillon et ajouter de l'huile d'olive à la vinaigrette.

Variantes

Remplacer le pita de blé entier par un demi-muffin anglais de blé entier ou une petite croûte à pizza de blé entier.

Au lieu de la tranche d'oignon grillée, ajouter quelques morceaux d'olives noires pour un joli coup d'œil.

Les poivrons rouges et leur purée

Les poivrons rouges grillés vendus en pot de verre et conservés dans un peu de vinaigre sont très pratiques pour ajouter de la couleur et du goût aux salades de poulet ou de poisson. Une fois rincés, ils sont bons seuls en entrée avec quelques gouttes d'huile d'olive.

On peut préparer la purée de poivrons la veille et la conserver plus d'une semaine au réfrigérateur dans un contenant hermétique. Cette purée remplace aisément une sauce à pizza.

Menu 20

Saumon fumé et mozzarella en salade

- Crudités et **hoummos**
- **Saumon fumé et mozzarella en salade**
- Petit pain de blé entier
- Figue fraîche et yogourt vanillé

Saumon fumé et mozzarella en salade

1 PORTION

120 g (2 tasses) de feuilles d'épinards ou de romaine, lavées et essorées
Environ 6 à 8 feuilles de basilic frais
45 g (1 ½ oz) de saumon fumé, en fines lamelles
30 g (1 oz) de mozzarella, en fines lamelles

Dans un grand bol, touiller les épinards ou la romaine, le basilic et la vinaigrette.
Disposer les verdures dans le fond d'une assiette, couvrir de saumon fumé et de mozzarella.
Manger aussitôt.

Vinaigrette aux herbes

1 PORTION

½ c. à café (½ c. à thé) de moutarde de Dijon
1 c. à café (1 c. à thé) de vinaigre de vin blanc
2 c. à café (2. à thé) d'huile d'olive
1 c. à café (1 c. à thé) d'herbes fraîches, finement hachées
Sel et poivre au goût

Dans un petit bol, à l'aide d'une fourchette, mélanger la moutarde et vinaigre. Verser l'huile en mélangeant jusqu'à ce qu'elle épaississe. Ajouter les herbes fraîches et assaisonner au goût.

Saumon fumé et mozzarella en salade

Valeur nutritive	
avec vinaigrette	
calories	282
protéines	23 g
glucides	13 g
fibres	9 g
gras total	17 g
bons gras mono	10 g
poly	2 g
Excellente source de vitamines A et C, calcium, acide folique, fer, magnésium et potassium	

Hoummos

250 ML
(1 TASSE)

Originaire du Moyen-Orient, le hoummos (ou tartinade de pois chiches) fait maintenant partie des aliments de tous les jours. Il est vendu préparé dans les comptoirs réfrigérés des marchés d'alimentation. On peut aussi facilement le cuisiner soi-même (voir la recette qui suit).

225 g (1 tasse) de pois chiches en conserve, égouttés
3 c. à soupe de jus de citron
3 c. à soupe de tahini ou de beurre de sésame
2 c. à soupe de bouillon de légumes ou de poulet
½ c. à café (½ c. à thé) de cumin

Verser tous les ingrédients dans un mélangeur ou un robot de cuisine.

Mélanger jusqu'à l'obtention d'une purée bien lisse.

Conserver au réfrigérateur. Utiliser comme trempette ou tartinade sur du pain ou des craquelins.

Les menus midi

Hoummos

Valeur nutritive pour 2 c. à soupe	
calories	72
protéines	3 g
glucides	8 g
fibres	1 g
gras total	4 g
bons gras	mono 1 g
	poly 2 g

Variantes

Remplacer le saumon fumé par un reste de poulet cuit ou de viande, taillé en aiguillettes.

Pour les verdures, utiliser celles qui sont dans le réfrigérateur : laitue Boston, roquette ou même chiffonnade de chou.

Astuces !

La recette classique de hoummos renferme une bonne quantité d'ail, ce qui limite sa consommation le midi… Notre recette maison n'en contient pas, mais elle est quand même très savoureuse.

Saviez-vous que…

Les figues fraîches sont des fruits fragiles qui ne se conservent pas plus de 24 h. Elles doivent toujours être servies à la température ambiante, car le froid masque leur goût sucré. Elles constituent une bonne source de fibres alimentaires.

Menu 21

Ceviche, olé !

Salade de poisson cru à la mexicaine

- **Salade de poisson cru à la mexicaine**
- Nid de verdures
- Pita de blé entier et **guacamole**
- ½ papaye et jus de citron vert

Salade de poisson cru à la mexicaine

1 PORTION

Cette salade est une version simplifiée de la célèbre ceviche d'Acapulco. Le poisson n'est pas cru comme dans le cas des sushis, car il cuit sous l'action du jus de citron vert. Il devient ainsi opaque, tendre et juteux. Lorsque sa fraîcheur est assurée, il ne présente aucun risque pour la santé.

120 g (4 oz) de filet de poisson frais (morue, sole, aiglefin, tilapia)
1 à 2 citrons verts, fraîchement pressés
1 tomate, en cubes
1 oignon vert, haché finement
1 c. à café (1 c. à thé) d'huile d'olive
½ c. à café (½ c à thé) de cumin
1 c. à café (1 c. à thé) de coriandre fraîche, finement ciselée

La veille ou 5 h avant le repas
Tailler le filet de poisson en tout petits morceaux de 1,25 cm (½ po). S'assurer qu'il ne reste aucune arête. Mettre les morceaux de poisson dans un bol peu profond et recouvrir de jus de citron vert. Couvrir et réfrigérer 5 h ou toute la nuit. Saler et poivrer au goût.

À la dernière minute
Bien égoutter le poisson. Jeter le jus. Mettre le poisson dans un petit saladier. Ajouter tous les autres ingrédients et mélanger délicatement.

Servir aussitôt sur un lit de verdures.

Ceviche, olé !
Salade de poisson cru à la mexicaine

Valeur nutritive	
calories	196
protéines	25 g
glucides	9 g
fibres	2 g
gras total	7 g
bons gras mono	4 g
poly	1 g
Excellente source de vitamine C et de potassium	

Guacamole

3 À 4 PORTIONS

Tartinade ou trempette à base d'avocat, d'oignons, de tomate et de jus de citron vert, le guacamole se prépare facilement. On peut aussi le trouver tout préparé dans le commerce. L'avocat, quoique riche en gras, fournit du bon gras monoinsaturé, favorable à la santé.

1 avocat mûr à point, pelé et dénoyauté
Le jus d'un citron vert
½ tomate, en cubes
3 c. à soupe d'oignons, émincés
¼ c. à thé (¼ c. à thé) de cumin
Sel et poivre, au goût

Dans un bol moyen, écraser l'avocat pour le réduire en purée. Ajouter le jus de citron vert, les tomates et les oignons. Ajouter le cumin, le sel et le poivre. Rectifier l'assaisonnement. Servir avec des crudités ou un pita de blé entier. Conserver à couvert au réfrigérateur.

Guacamole

Valeur nutritive	
pour 3 c. à soupe	
calories	89
protéines	1 g
glucides	6 g
fibres	3 g
gras total	8 g
bons gras	mono 5 g
	poly 1 g

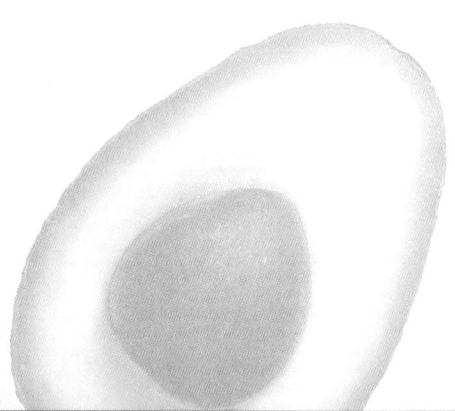

Variante

N'importe quel poisson frais peut faire partie de cette recette. Au Mexique, nous l'avions préparé avec du maquereau fraîchement sorti des eaux de Puerto Vallarta. Quel délice !

Le jus de citron vert demeure l'ingrédient chouchou de la cuisine mexicaine, mais le jus de citron fera aussi l'affaire.

Les protéines du poisson

Le poisson fournit une quantité importante de protéines, et plusieurs autres éléments nutritifs. Il se prépare rapidement et se digère en douceur.

Saviez-vous que...

L'avocat est le fruit le plus riche en potassium et en magnésium. Bien qu'il renferme beaucoup de gras, il ne nuit pas aux artères puisqu'il s'agit de bon gras monoinsaturé.

Repas boîte à lunch

Si le poisson a été mariné toute la nuit, préparer la salade le matin et apporter au bureau pour le midi. Réfrigérer. Ajouter les verdures au dernier moment.

Menu 22

Poisson à la florentine

- **Poisson à la florentine**
- Pain intégral
- Salade endive, roquette et laitue Boston
- Le fruit de la saison

Poisson à la florentine

1 PORTION

½ c. à café (½ c. à thé) d'huile d'olive
1 oignon vert, haché finement
1 ½ c. à café (1 ½ c. à thé) de yogourt nature
½ c. à café (½ c. à thé) de moutarde de Dijon
1 filet de poisson blanc de 120 g (4 oz) (morue, turbot, sole ou tilapia)
120 g (2 tasses) d'épinards frais, bien lavés
Sel et poivre, au goût

Préchauffer le four à 230 °C (450 °F). Mélanger l'huile, les oignons verts, le yogourt et la moutarde.

Mettre les épinards sur une feuille de papier d'aluminium ou sulfurisé, ajouter le filet de poisson et le napper du mélange oignons, yogourt et moutarde.

Assaisonner.

Replier le papier et sceller. Placer la papillote sur une plaque à pâtisserie et cuire au four de 10 à 12 min selon l'épaisseur du filet de poisson.

Servir dans la papillote.

Poisson à la florentine

Valeur nutritive

calories	198
protéines	30 g
glucides	13 g
fibres	9 g
gras total	4 g
bons gras mono	2 g
poly	1 g

Excellente source de vitamines A et C, fer, fibres, acide folique, magnésium et potassium

Règle d'or pour la cuisson du poisson

Pour éviter de trop cuire le poisson, calculer 10 min de cuisson à 230 °C (450 °F) par 2,5 cm (1 po) d'épaisseur, en mesurant le poisson dans la partie la plus épaisse. Ce temps de cuisson est valable pour différentes préparations, que le poisson soit grillé au four ou cuit sans papillote.

Astuces !

Pour multiplier cette recette, rien de plus simple : on concocte une papillote pour chaque convive ! Le temps de cuisson reste le même, quel que soit le nombre de papillotes.

Les épinards : une valeur ajoutée

Les épinards fournissent au-delà de 15 000 UI de bêta-carotène, 277 mcg d'acide folique, près de 7 mg de fer, presque 900 mg de potassium et 5 g de fibres. Tout un apport !

Menu 23

Pétoncles parfumés au romarin

- Jus de carottes
- Pétoncles parfumés au romarin
- Salsa jaune et verte
- Quinoa
- Yogourt

1 PORTION

Pétoncles parfumés au romarin

½ c. à café (½ c. à thé) de romarin frais, haché
Une grosse pincée de paprika
Une petite pincée de cayenne
Sel
100 g (3 ½ oz) de pétoncles (5 à 6 gros)
2 c. à café (2 c. à thé) d'huile d'olive

Mélanger le romarin, les épices et le sel.

Assaisonner les pétoncles.

Chauffer l'huile dans un poêlon et cuire les pétoncles à feu moyen-élevé environ 1 ½ min de chaque côté.

Servir avec une salsa à la mangue.

Pétoncles parfumés au romarin

Valeur nutritive	
avec salsa	
calories	268
protéines	18 g
glucides	24 g
fibres	3 g
gras total	12 g
bons gras	mono 8 g
	poly 1 g
Excellente source de vitamines A et C et de magnésium	

Salsa jaune et verte

2 PORTIONS

La salsa est une sauce froide d'inspiration espagnole ou mexicaine. Elle marie des fruits et des légumes frais, ce qui ajoute une touche de fraîcheur au repas. Elle se conserve quelques jours au réfrigérateur.

1 petite mangue jaune du Mexique, pelée et coupée en dés
⅓ de concombre anglais ou régulier, pelé et coupé en dés
2 c. à soupe d'oignons verts, hachés finement
2 c. à soupe de jus d'orange frais
1 c. à café (1 c. à thé) de jus de citron vert frais
½ c. à café (½ c. à thé) d'huile d'olive extravierge
Sel et poivre, au goût

Mélanger tous les ingrédients. Assaisonner.

Servir avec les pétoncles.

Variantes

Utiliser des crevettes moyennes à la place des pétoncles et réduire le temps de cuisson à 1 min de chaque côté.

Pour le barbecue, enfiler les pétoncles sur une brochette de bois ou de métal et cuire la même durée que dans un poêlon.

Une salsa à la mangue et aux tomates mûres en saison ou encore à la mangue et à la pomme Granny Smith constituent d'autres belles variations sur un même thème. L'addition d'un peu d'avocat dans la salsa ajoute du bon gras et de l'acide folique. Satisfaction garantie !

Valeur nutritive

Les pétoncles sont des mollusques riches en protéines; par exemple, 5 gros pétoncles fournissent au moins 15 g de protéines. Ils renferment peu de gras et sont tout indiqués pour un repas satisfaisant, sans lourdeur.

Saviez-vous que...

La mangue est un des fruits les plus riches en bêta-carotène. Elle est également riche en vitamine C et en potassium. La mangue mexicaine est plus jaune, plus mince et plus savoureuse que la mangue de l'Inde ou de la Thaïlande. Un délice !

Astuces !

Pour éviter que les brochettes de bois brûlent durant la cuisson sur le barbecue au charbon de bois, les tremper 15 min dans l'eau froide avant de les utiliser.

menu 24

Pétoncles sautés et coulis de poivrons grillés

- Pétoncles ou crevettes sautés
- Coulis de poivrons grillés
- Riz basmati brun
- Salade verte
- Compote de pommes et de poires

Pétoncles ou crevettes sautés

1 PORTION

100 g (3 ½ oz) (5 à 6 gros) de pétoncles frais ou
100 g (3 ½ oz) de crevettes fraîches (6 à 8 moyennes), nettoyées
1 c. à café (1 c. à thé) d'huile d'olive
Sel et poivre

Assaisonner les fruits de mer et les faire sauter dans l'huile moyennement chaude, mais non fumante, environ 1 ½ min de chaque côté pour les pétoncles ou 1 min pour les crevettes.

Arroser de coulis chaud.

Coulis de poivrons grillés

60 ML
(¼ TASSE)

Le coulis est une sauce très lisse obtenue à partir d'une purée de légumes ou de fruits crus ou cuits, à laquelle on a ajouté une certaine quantité de liquide. On le prépare à l'aide d'un mélangeur ou d'un robot de cuisine.

3 à 4 lanières (⅓ tasse) de poivrons grillés en pot, égouttés
1 c. à soupe de bouillon de poulet

À l'aide d'un mélangeur, réduire les poivrons en purée avec le bouillon de poulet.

Chauffer au four à micro-ondes 30 sec et verser sur les fruits de mer cuits. S'il reste un peu de coulis, le conserver au réfrigérateur et le servir avec du poulet ou un autre poisson.

Ce coulis express ajoute de l'éclat, du goût et des vitamines aux pétoncles.

Pétoncles sautés et coulis de poivrons grillés

Valeur nutritive	
avec coulis	
calories	143
protéines	17 g
glucides	5 g
fibres	1 g
gras total	6 g
bons gras mono	4 g
poly	1 g
Excellente source de vitamine C	

Variante

Pour une pointe de gourmandise, à la place du coulis, servir du confit de poivrons rouges, vendu dans les épiceries fines; 1 c. à soupe suffit.

Astuces !

On trouve maintenant sur le marché des poivrons rouges déjà grillés. Vendus dans des pots en verre, ils sont étonnamment savoureux. On a qu'à les égoutter !

Profitez de l'abondance des poivrons à la fin de l'été pour en faire griller une bonne quantité. Placez ensuite vos réserves au congélateur et profitez de leur saveur exquise toute l'année !

Saviez-vous que...

Le poivron rouge renferme dix fois plus de bêta-carotène et deux fois plus de vitamine C que le poivron vert.

Menu 25

Crevettes et tofu en salade nouvel âge

- Crevettes et tofu en salade nouvel âge
- Sauce citronnée au yogourt et à la menthe
- Asperges vapeur
- Pain six grains
- Kiwi

Crevettes et tofu en salade nouvel âge

1 PORTION

60 g (2 oz) de crevettes cuites
60 g (2 oz) de tofu régulier, coupé en dés
1 oignon vert, coupé finement

Dans un bol, mélanger les ingrédients de la salade et la sauce citronnée au yogourt.

Sauce citronnée au yogourt et à la menthe

1 PORTION

80 g (⅓ tasse) de yogourt
1 c. à soupe de jus de citron
1 c. à soupe de menthe poivrée, finement hachée
1 c. à café (1 c. à thé) de moutarde de Dijon
2 c. à café (2 c. à thé) de sirop d'érable

Mélanger tous les ingrédients et conserver au froid.

Le tofu régulier

On trouve sur le marché du tofu de différentes formes et saveurs. Le tofu régulier est vendu sous forme de brique emballée et scellée hermétiquement ; il se tranche facilement et conserve bien son aspect. Rien à voir avec le tofu soyeux qui se défait à la cuillère ! S'il est emballé, il se conserve au réfrigérateur pendant quelques semaines. Pour utiliser le tofu, il suffit de l'égoutter et de trancher la quantité qui convient. La portion restante doit être placée dans un contenant hermétique et recouverte d'eau fraîche ; elle se conserve environ une semaine au réfrigérateur.

Crevettes et tofu en salade nouvel âge

Valeur nutritive	
avec sauce citronnée	
calories	150
protéines	17 g
glucides	12 g
fibres	1 g
gras total	4 g
bons gras	mono 1 g
	poly 2 g

Saviez-vous que...

En Chine, la consommation de tofu semble remonter à la préhistoire, si l'on se fie à certaines fresques tombales. Au Japon, elle serait beaucoup plus récente : elle daterait des années 1600, selon les écrits publiés en Europe à l'époque.

Variantes

Remplacer les crevettes par un reste de saumon cuit ou de truite cuite, taillé en petits morceaux. Le plat sera tout aussi savoureux.

Menu 26

Soupe repas aux fruits de mer

- Rondelles de poivron rouge ou vert
- Soupe repas aux fruits de mer
- Crostini
- Yogourt nature et bleuets

Soupe repas aux fruits de mer

1 PORTION

1 c. à café (1 c. à thé) d'huile de sésame ou d'olive
200 g (1 tasse) de chou chinois, en tranches très minces
250 ml (1 tasse) de bouillon de légumes ou de poulet
120 g (4 oz) de crevettes fraîches ou congelées, non cuites ou 120 g (4 oz) de pétoncles frais
1 c. à soupe de tamari léger sans sel
1 c. à soupe de vinaigre de riz
1 c. à café (1 c. à thé) de gingembre frais, râpé
1 c. à soupe de coriandre fraîche, finement ciselée

Dans une casserole moyenne, chauffer l'huile à feu doux.

Ajouter le chou, faire dorer légèrement et laisser ramollir quelques minutes.

Verser le bouillon et porter à ébullition.

Ajouter les crevettes ou les pétoncles ainsi que le reste des ingrédients sauf la coriandre.

Cuire quelques minutes seulement, jusqu'à ce que les crevettes soient rose pâle ou les pétoncles d'un blanc opaque.

Saupoudrer de coriandre et servir bien chaud.

Crevettes et cholestérol

Contrairement à la légende urbaine qui associe les crevettes aux aliments qui augmentent le taux de cholestérol, on peut inclure ces dernières dans un menu visant à réduire le mauvais cholestérol (LDL). Cette remarque vaut également pour les pétoncles et autres fruits de mer.

Soupe repas aux fruits de mer

Valeur nutritive	
calories	213
protéines	29 g
glucides	7 g
fibres	3 g
gras total	7 g
bons gras mono	4 g
poly	1 g
Excellente source de fer, acide folique et magnésium	

Crostini
(pain grillé au fromage)

Un favori de l'Italie, le crostini est une tartine sur pain sec. À l'origine, on trempait du pain rassis dans un bouillon ou un verre de vin. Aujourd'hui, on fait griller le pain d'un côté et on tartine l'autre côté d'une tapenade, d'une bruschetta ou on y saupoudre du fromage râpé.

1 à 2 tranches minces de pain baguette de blé entier
1 à 2 c. à café (1 à 2 c. à thé) de parmesan, râpé

Préchauffer le four à *broil*. Griller un côté du pain 15 sec à 15 cm (6 po) du gril ; retirer du four, retourner le pain et couvrir de parmesan. Remettre au four et griller 20 sec, le temps de faire fondre le fromage.

Fruits de mer *versus* surimi

Les fruits de mer comme les crevettes et les pétoncles constituent une excellente source de protéines, soit 15 à 20 g par 100 g après cuisson. Ne pas confondre avec les *faux* fruits de mer à base de *surimi* qui renferment significativement moins de protéines.

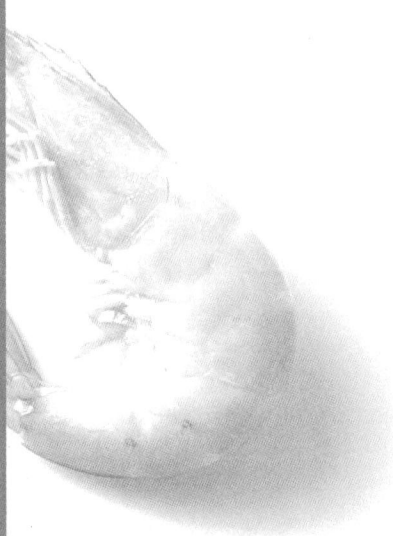

Variante

Remplacer le chou chinois par du pak-choï (souvent appelé bok-choy dans le commerce). Ce légume, d'un beau vert prononcé, a une valeur nutritive supérieure à l'ensemble des verdures.

Au lieu des fruits de mer, utiliser 120 g (4 oz) de poisson blanc en filet (turbot, tilapia, morue ou sole), coupé en morceaux.

Astuces !

Choisir des crevettes déjà décortiquées pour raccourcir le temps de préparation.

Si les crevettes sont congelées, sortir du congélateur la quantité souhaitée le matin même et la conserver au réfrigérateur jusqu'à midi. Les crevettes cuiront plus rapidement !

Saviez-vous que...

Les bleuets, frais ou congelés, renferment une dose impressionnante d'antioxydants, dont les anthocyanines qui diminuent les risques de caillots dans le sang, améliorent la vision nocturne et semblent même ralentir la dégénérescence de la maculaire (œil) selon des chercheurs de l'Université Tufts à Boston.

Menu 27

Pétoncles sur nid de pois verts

- Verdures du marché
- **Pétoncles sur nid de pois verts**
- Riz brun ou quinoa
- Dessert de soja aux petits fruits

Pétoncles sur nid de pois verts

1 PORTION

On trouve sur le marché deux types de pétoncles : les gros, aussi appelés pétoncles de mer ou sea scallop, *et les petits, aussi appelés coquilles Saint-Jacques ou* bay scallop. *Les premiers, qui ont une saveur plus fine, sont vendus toute l'année à l'état frais ou congelé. Les simili-pétoncles faits à partir de goberge ne font pas le poids.*

1 c. à café (1 c. à thé) d'huile d'olive extravierge
Sel et poivre
5 gros pétoncles frais, sans le muscle
60 ml (¼ tasse) de bouillon de poulet
2 c. à café (2 c. à thé) de jus de citron
1 oignon vert, finement haché
150 g (½ tasse) de pois verts, congelés
Ciboulette fraîche, hachée

Chauffer l'huile à feu moyen. Assaisonner les pétoncles et faire sauter pour dorer, environ 1 à 1 ½ min de chaque côté. Réserver sur une assiette.

Déglacer avec le bouillon, ajouter le jus de citron et les oignons verts, réduire le feu à chaleur moyenne et cuire 1 à 2 min.

Ajouter les pois verts et cuire encore 2 à 3 min en remuant de temps en temps. Remettre les pétoncles cuits sur les pois et réchauffer.

Garnir de ciboulette.

Servir sur du riz basmati brun ou du quinoa.

Pétoncles sur nid de pois verts

Valeur nutritive	
calories	188
protéines	19 g
glucides	15 g
fibres	4 g
gras total	6 g
bons gras	mono 4 g
	poly 1 g
Excellente source d'acide folique et de magnésium	

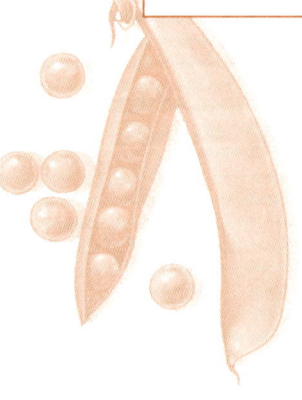

Une version du soir ou pour des amis

Préparer la même recette en utilisant moitié vin blanc, moitié bouillon. Ne pas dépasser 250 ml (1 tasse) de bouillon ou de vin pour 4 portions.

Quelques bons bouillons

À défaut de bouillon de poulet maison, opter pour un bouillon de volaille ou de légumes prêt à servir, vendu sous forme liquide dans des contenants cartonnés de 960 ml (32 oz). On les trouve à la section des produits bio du supermarché ou dans les magasins de produits naturels. Une fois entamés, ils se conservent au réfrigérateur. Rechercher les marques qui ne contiennent pas de glutamate monosodique (MSG).

Saviez-vous que...

Les pois verts sont parmi les légumes les plus riches en fer, même s'ils sont congelés. Ils renferment presque autant de fer que la même quantité d'épinards cuits.

Menu 28

Palourdes et riz sauvage en salade folle

- Palourdes et riz sauvage en salade folle
- Pita blé entier et guacamole
- Yogourt à la vanille

Palourdes et riz sauvage en salade folle

1 PORTION

120 g (½ tasse) de palourdes en conserve, égouttées
80 à 90 g (½ tasse) de salade de riz sauvage du commerce
1 oignon vert, finement coupé
1 c. à soupe de raisins secs de Corinthe
4 à 5 amandes grillées, finement hachées
1 à 1 ½ c. à café (1 à 1 ½ c. à thé) de pesto

Bien mélanger tous les ingrédients dans un saladier.

Servir froid sur un lit de belles verdures.

Les palourdes

Les palourdes font partie de la famille des coquillages bivalves, comme les huîtres et les moules. Particulièrement riches en fer, elles contiennent plusieurs autres minéraux. De fait, 85 g (près de 3 oz) de palourdes en conserve égouttées renferment 23 mg de fer, soit 3 ou 4 fois plus que la même quantité de foie, un aliment réputé pour sa richesse en fer. Offertes en conserve dans un bouillon, elles s'incorporent facilement dans une soupe, une salade ou une sauce pour les pâtes.

Palourdes et riz sauvage en salade folle

Valeur nutritive	
calories	392
protéines	27 g
glucides	34 g
fibres	3 g
gras total	17 g
bons gras mono	9 g
poly	4 g
Exceptionnelle source de fer	

Le riz sauvage

Le riz sauvage ne fait pas vraiment partie de l'espèce du riz. C'est une graminée aquatique de la famille des zizanies. Seule céréale indigène du Canada, le riz sauvage pousse dans les eaux peu profondes en bordure des rivières et des ruisseaux. Il est cultivé principalement en Saskatchewan, dans des cours d'eau naturels. Plus riche en protéines, en fibres, en minéraux et en vitamines du complexe B que les riz blanc ou brun, le riz sauvage est très recherché pour son goût inimitable de noisette.

Les raisins secs de Corinthe

Ces raisins secs sont beaucoup plus petits que les raisins secs réguliers ; ils s'intègrent agréablement à cette salade et ajoutent leur grain de folie.

menu 29

Chaudrée soyeuse de pétoncles

- Chaudrée soyeuse de pétoncles
- Pain multigrains
- Salade de verdures
- Mangue et fraises

Chaudrée soyeuse de pétoncles

1 PORTION
DE 375 ML
(1 ½ TASSE)

4 c. à soupe d'oignons, hachés
4 c. à soupe de carottes, en tranches
1 c. à café (1 c. à thé) d'huile d'olive extravierge
200 ml (¾ tasse) de bouillon de poulet
100 g (½ tasse) de concombre, en dés
100 g (½ tasse) de maïs en grains, cuits
90 g (⅓ tasse) de tofu soyeux
100 g (3 ½ oz) ou 8 petits ou 3 gros pétoncles, coupés en petits morceaux
1 c. à café (1 c. à thé) de jus de citron
2 c. à soupe de ciboulette, hachée
Sel et poivre

Dans une petite casserole, attendrir les oignons et les carottes dans l'huile à feu doux, en remuant de temps à autre. Verser le bouillon et porter à ébullition. Ajouter les concombres et le maïs. Faire mijoter 1 min et passer la moitié de ce mélange avec le tofu au mélangeur. Pendant ce temps, ajouter les pétoncles dans le reste du bouillon et cuire doucement environ 1 min. Ajouter le mélange aux légumes, le jus de citron, la ciboulette et réchauffer. Ne pas laisser bouillir.

Saler et poivrer au goût.

Chaudrée soyeuse de pétoncles

Valeur nutritive	
calories	333
protéines	31 g
glucides	33 g
fibres	5 g
gras total	10 g
bons gras mono	5 g
poly	2 g
Excellente source de vitamine C, acide folique, potassium, magnésium et zinc	

Variante

Bien entendu, les palourdes fraîches ou en conserve peuvent se substituer aux pétoncles dans cette recette. Leur apport exceptionnel en fer s'ajoute à l'apport en fer du tofu.

Tofu et protéines

Le tofu est une bonne source de protéines. Un demi-paquet de tofu soyeux ferme de 349 g (environ 12 oz) fournit 15 g de protéines, ce qui est suffisant pour un repas. Ce tofu peut être riche en calcium lorsqu'il a été coagulé avec du sulfate de calcium. Cette information figure dans la liste des ingrédients. Autre conseil : rechercher la mention « Sans OGM ». La majorité des produits de soja vendus au Québec ne renferment pas d'OGM.

Saviez-vous que...

Le tofu soyeux peut remplacer une sauce blanche à base de farine, de beurre et de lait.

Comme son nom l'indique, il ajoute l'onctuosité à une sauce une fois qu'il est fouetté ou brassé. Il fond dans la bouche et, comme il est peu goûteux, il adopte la saveur des aliments qui l'entourent.

Menu 30

Crevettes, mangue et avocat en salade

- Jus de légumes
- Crevettes, mangue et avocat en salade
- Pain aux noix
- Petits fruits tièdes

Crevettes, mangue et avocat en salade

1 PORTION

90 g (3 oz) ou 10 crevettes moyennes, cuites
1 c. à soupe d'oignons rouges, hachés
1 c. à soupe de feuilles de coriandre fraîche, hachées
½ c. à café (½ c. à thé) de zeste de citron vert
1 ½ c. à café (1 ½ c. à thé) de jus de citron vert
1 c. à café (1 c. à thé) d'huile d'olive extravierge
1 à 2 gouttes de sauce piquante aux piments
⅓ de mangue, en tranches minces
4 tranches minces d'avocat
Feuilles de coriandre fraîche

Mélanger ensemble tous les ingrédients sauf les crevettes, la mangue et l'avocat.

Ajouter les crevettes et bien mélanger.

Disposer harmonieusement dans une assiette les tranches de mangue et d'avocat, garnir de salade de crevettes et de quelques feuilles de coriandre.

Crevettes, mangue et avocat en salade

Valeur nutritive	
calories	317
protéines	22 g
glucides	22 g
fibres	5 g
gras total	17 g
bons gras mono	10 g
poly	2 g
Excellente source de vitamines A et C, acide folique, potassium et magnésium	

Petits fruits tièdes

1 PORTION

1 à 1 ½ c. à café (1 à 1 ½ c. à thé) d'huile d'olive
   extravierge
100 g (½ tasse) de fraises d'été
100 g (½ tasse) de framboises
100 g (½ tasse) de mûres
1 c. à café (1 c. à thé) de cassonade ou de sucre roux

Faire chauffer l'huile à feu doux. Verser tous les petits fruits et saupoudrer aussitôt de cassonade. Chauffer environ 30 sec en remuant. Servir tel quel ou napper de yogourt nature.

Petits fruits tièdes

Valeur nutritive	
calories	151
protéines	2 g
glucides	26 g
fibres	8 g
gras total	5 g
bons gras	mono 4 g
	poly 1 g

Variante

On peut utiliser des crevettes de Matane ou même un reste de saumon frais.

Saviez-vous que...

L'avocat fait peur à cause de sa forte teneur en gras. Pourtant, il renferme du gras monoinsaturé, un bon gras semblable à celui de l'huile d'olive. Un demi-avocat contient autant de gras que 1 c. à soupe d'huile d'olive, soit environ 15 g de gras. Quelques tranches d'avocat très mûr écrasées sur une tranche de pain valent mieux pour les artères qu'un peu de margarine hydrogénée ou encore du beurre ou de la mayonnaise.

Cette salade, fraîche comme une belle journée d'été, est une bonne source de fer, de fibres et de zinc. Ce dernier minéral favorise la cicatrisation des plaies.

Menu 31

Fromage frais et fruits de saison

- Jus de légumes
- Fromage frais et fruits de saison
- Sauce à l'orange
- Pain aux noix

Fromage frais et fruits de saison

1 PORTION

Quelques feuilles d'épinards, de romaine ou d'endives

175 à 200 g (¾ à 1 tasse) de fromage cottage

200 à 300 g (1 à 1 ½ tasse) de fruits frais, coupés en cubes ou nature (cantaloup, raisins verts, fraises, bleuets)

Quelques noix de Grenoble, grillées, si désiré

Dans une assiette, disposer une dizaine de feuilles de verdures, de façon à former un nid. Mettre le fromage au centre du nid. Recouvrir le tout de fruits. Napper de sauce à l'orange et garnir de noix.

Sauce à l'orange

1 PORTION

80 g (⅓ tasse) de yogourt nature
2 c. à soupe de jus d'orange congelé, non dilué

Mélanger le yogourt et le jus. Verser sur les fruits au moment de servir.

Les protéines

Le fromage cottage est une excellente source de protéines pour le repas du midi à condition d'en manger suffisamment. La plupart du temps, l'assiette « fruits et cottage » servie au restaurant renferme à peine 80 g (⅓ tasse) de cottage, ce qui ne rassasie personne bien longtemps !

Le menu suggère une portion qui varie entre 200 et 250 g (entre ¾ et 1 tasse) et fournit plus de 25 g de protéines, ce qui diminue les risques de rage de sucre ou les chutes d'énergie à 16 h. Certes, le menu dépasse la barre des 15 g de protéines habituellement proposés, mais l'expérience clinique nous révèle qu'avec ce type de repas faible en gras, c'est salutaire.

Fromage frais et fruits de saison

Valeur nutritive	
avec sauce	
calories	303
protéines	28 g
glucides	34 g
fibres	3 g
gras total	7 g
bons gras mono	1 g
poly	3 g
Excellente source de vitamines A et C, magnésium et potassium	

Repas boîte à lunch

Pour le bureau, emporter séparément les différents ingrédients afin de préserver leur texture : les verdures dans un petit sac, le fromage et les fruits dans un petit contenant ; la sauce dans un autre. Monter l'assiette au dernier moment.

Version dernière minute…

À la dernière minute ? Aucun problème ! Prendre au comptoir laitier réfrigéré le fromage cottage, format 250 g (1 tasse), et un petit contenant de yogourt à l'orange. Au comptoir des fruits, acheter une grappe de raisins frais et une pomme (à tailler en cubes). Ajouter un petit jus de légumes et un petit pain de blé entier, et le tour est joué !

Les fromages frais

Il existe plusieurs types de fromages frais sur le marché, du cottage à la ricotta en passant par le damablanc, le damafro et le quark. Le choix est vaste et les saveurs sont fines ! Toutefois, ces produits ne se conservent pas longtemps, comparativement aux fromages affinés comme le cheddar ou le parmesan.

Le cottage peut avoir de 0,1 à 4 % de matières grasses, ce qui le classifie dans les fromages maigres. Par exemple, un cottage à 2 % M.G. fournit moins de 5 g de gras par 250 ml (1 tasse).

Menu 32

Casserole minute au soja

- Casserole minute au soja
- Bruschetta
- Salade de verdures et vinaigrette
- Pain de grains entiers
- Quartier de cantaloup

Casserole minute au soja

1 PORTION

L'edamame est le haricot de soja frais (non séché) et fait fureur au Japon depuis plusieurs années. On le trouve maintenant ici, dans les supermarchés et certains magasins d'aliments naturels, sous forme congelée, en cosse ou écossé, et de culture biologique. Il ne requiert que 4 min de cuisson à l'eau bouillante, un avantage non négligeable. Sa saveur exquise recoupe à la fois celle des pois verts frais et des haricots verts. Polyvalent, il se mange seul, en soupe, en salade ou en casserole.

240 g (1 tasse) de haricots de soja frais (edamames) congelés, écossés (voir ci-haut)
160 à 200 ml (⅔ à ¾ tasse) de bruschetta maison ou du commerce (voir note)
30 g (1 oz) de mozzarella partiellement écrémée, râpée

Faire cuire les haricots de soja frais congelés (edamames), 4 min dans l'eau bouillante puis les égoutter.

Dans un petit plat allant au four à micro-ondes, verser quelques cuillerées de bruschetta et les haricots de soja cuits. Recouvrir de fromage.

Cuire à haute intensité environ 3 min.

Manger aussitôt.

Casserole minute au soja

Valeur nutritive	
calories	347
protéines	25 g
glucides	23 g
fibres	9 g
gras total	16 g
bons gras mono	5 g
poly	1 g
Excellente source de fer, fibres et calcium	

Bruschetta maison

3 À 4 PORTIONS

La bruschetta est un agréable mélange de tomates fraîches, d'ail, d'huile d'olive et d'un soupçon de vinaigre balsamique; elle se tartine sur une croûte de pain ou se sert comme une salsa avec une grillade. D'origine méditerranéenne, la bruschetta se prépare facilement à la maison. Faute de temps, on peut aussi l'acheter toute préparée dans les marchés d'alimentation.

4 grosses tomates fraîches (italiennes si possible), pelées, épépinées et coupées en petits morceaux
½ gousse d'ail, écrasée
4 c. à café (4 c. à thé) huile d'olive extravierge
1 c. à café (1 c. à thé) de vinaigre balsamique ou de vinaigre de vin blanc
Quelques feuilles de basilic, finement ciselées, au goût
Sel et poivre, au goût

Dans un grand bol, mélanger les tomates, l'ail, l'huile et le vinaigre.

Ajouter le basilic.

Rectifier l'assaisonnement puis réfrigérer.

Se conserve environ 1 semaine.

Les protéines

L'edamame, ou haricot de soja frais, renferme moins de protéines que le haricot de soja séché cuit et mis en conserve. Toutefois, les protéines sont d'excellente qualité dans les deux cas. La casserole minute renferme beaucoup de protéines puisqu'elle contient des légumineuses et du fromage.

Edamames : 12 g de protéines par 100 g (3 ½ oz)

Haricots de soja séchés, cuits : 17 g de protéines par 100 g (3 ½ oz)

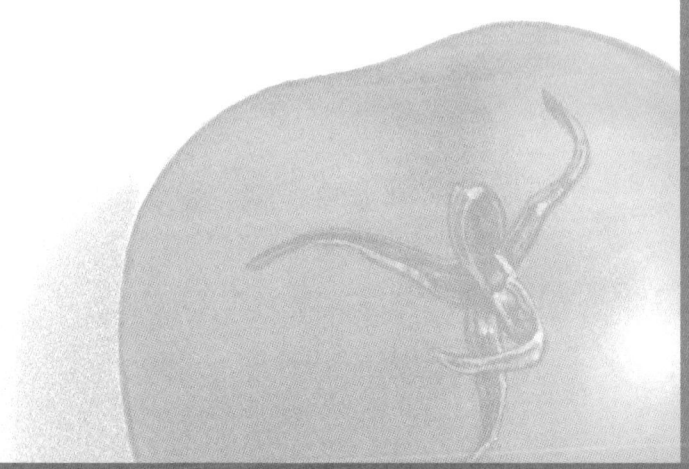

Variante

À défaut d'edamames ou pour varier cette casserole minute, utiliser la même quantité de pois chiches ou d'une autre légumineuse, en conserve ou cuits à la maison, bien égouttés.

Autre option : remplacer la bruschetta par la même quantité de ratatouille.

Saviez-vous que...

Une toute nouvelle vodka a vu le jour récemment. Distillée à partir du soja, elle est sans gluten et sans glucides. L'association américaine des végétariens a souligné sa venue.

Menu 33

Salade croquante de brocoli et de pois chiches au cari

- Salade croquante de brocoli et de pois chiches au cari
- Nid de basmati brun
- Verdures de saison
- Clémentines

Salade croquante de brocoli et de pois chiches au cari

1 PORTION

Quelques bouquets de brocoli cuit
225 g (1 tasse) de pois chiches cuits ou en conserve, rincés et égouttés
½ carotte, râpée
2 à 3 noix d'acajou, grillées
2 c. à soupe d'oignon rouge, haché
2 c. à café (2 c. à thé) de raisins secs

Vinaigrette

1 c. à soupe de vinaigre de vin blanc
2 c. à café (2 c. à thé) d'huile d'olive extravierge
1 c. à café (1 c. à thé) de sucre
½ c. à café (½ c. à thé) de gingembre frais mariné (à sushi) (voir Astuces)
1 c. à café (1 c. à thé) de cari

Dans un bol moyen, mélanger tous les ingrédients qui composent la vinaigrette.

Ajouter les ingrédients de la salade et bien mélanger.

Salade croquante de brocoli et de pois chiches au cari

Valeur nutritive	
avec la vinaigrette	
calories	485
protéines	18 g
glucides	69 g
fibres	11 g
gras total	17 g
bons gras mono	10 g
poly	3 g

Excellente source de vitamines A et C, acide folique, fer, magnésium, potassium, zinc et fibres

Variante

À défaut de gingembre mariné, peler, trancher et hacher finement une racine de gingembre.

À défaut de brocoli, cuire *al dente* quelques pointes d'asperges, des haricots verts ou des pois mange-tout. Le résultat sera tout aussi bon.

Astuces !

Le gingembre mariné à sushi se vend en pots de verre dans la majorité des épiceries, dans la section des condiments ethniques.

Les protéines

Calculer 225 g (1 tasse) de légumineuses cuites pour obtenir au moins 15 g de protéines. Si on souhaite s'apprivoiser doucement aux légumineuses, utiliser seulement 110 g (½ tasse) de pois chiches et terminer le repas avec un laitage au dessert, soit 125 g (½ tasse) de yogourt ou de dessert au soja.

Saviez-vous que...

Les femmes sexagénaires qui consomment régulièrement des légumes verts comme le brocoli et les épinards font preuve de plus de vivacité lors d'une batterie de tests mesurant la mémoire, l'habileté verbale et l'attention, selon les chercheurs de Harvard et la fameuse étude portant sur les infirmières.

Menu 34

Tofu sandwich aux tomates

- Jus de légumes
- **Tofu sandwich aux tomates**
- Rondelles de poivron vert
- Yogourt et fruits en boisson veloutée

Tofu sandwich aux tomates

1 PORTION

(surprise… c'est le tofu qui prend la place du pain)

120 g (4 oz) de tofu ferme, en 4 tranches de 6 mm (¼ po)
1 c. à café (1 c. à thé) de tamari léger en sel
2 c. à café (2 c. à thé) de tapenade d'olives noires
2 c. à café (2 c. à thé) de mayonnaise légère
Quelques feuilles de laitue
Quelques tranches de tomates

Mettre les tranches de tofu dans une assiette et recouvrir de tamari. Laisser macérer 3 à 4 min. Dans un poêlon antiadhésif, réchauffer le tofu 1 min de chaque côté. Retirer du feu.

Tartiner de tapenade deux des tranches de tofu et les deux autres de mayonnaise. Recouvrir de laitue et de tranches de tomates. Fermer les deux sandwichs. Trancher en deux pour obtenir 4 petits sandwichs carrés. Manger avec un couteau et une fourchette.

Tofu sandwich aux tomates

Valeur nutritive	
calories	277
protéines	20 g
glucides	10 g
fibres	2 g
gras total	19 g
bons gras mono	7 g
poly	7 g
Excellente source de calcium, de fer et de magnésium	

Yogourt et fruits en boisson veloutée

1 PORTION

125 ml (½ tasse) de jus d'orange
125 g (½ tasse) de yogourt à la vanille
Une petite pincée de muscade moulue
1 petite poire, pelée et coupée en quartiers

Bien mélanger à l'aide d'un mélangeur et servir aussitôt.

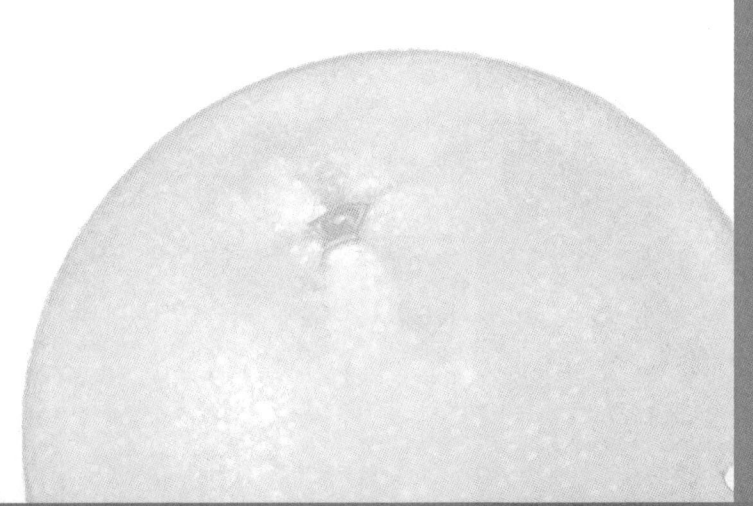

Les menus midi

Yogourt et fruits en boisson veloutée

Valeur nutritive	
calories	190
protéines	7 g
glucides	36 g
fibres	1 g
gras total	2 g
bons gras	mono 1 g
	poly 0

Le sandwich aux tomates

Tout le monde adore le sandwich aux tomates. Or, comme il ne fournit pas de protéines, il ne soutient pas du tout ! En remplaçant le pain par du tofu, on récupère de bonnes protéines et tous les autres bénéfices rattachés au soja.

La tapenade

La tapenade est un condiment provençal à base d'olives noires, de câpres, d'huile d'olive, de citron et d'aromates. Elle se vend dans un petit contenant de 250 ml (1 tasse) et se conserve quelques semaines au réfrigérateur. Cette purée accompagne très bien les poissons ou les volailles grillés ; elle relève la saveur d'un sandwich ou d'une tartine et peut même se glisser dans une sauce tomate ou un ragoût de pois chiches. Divin !

Saviez-vous que...

Un poivron vert renferme plus de vitamine C qu'une orange. Inséré dans ce menu, il favorise l'absorption du fer présent dans le tofu et les autres aliments du repas.

Les menus midi

MENU 35

Le croque-végétarien

- Croque-végétarien
- Tranche de tomate
- Salade verte et champignons crus
- Yogourt au gingembre et aux noix grillées

Croque-végétarien

1 PORTION

200 g (¾ tasse) de pois chiches, égouttés
1 petite gousse d'ail, si désiré
¼ de petit oignon
1 c. à café (1 c. à thé) de romarin frais
2 c. à soupe de persil italien
2 c. à soupe de chapelure de pain de blé entier, fraîche ou sèche
1 c. à soupe de noix de Grenoble, grillées et hachées
1 petit œuf oméga-3
Sel et poivre
1 c. à café (1 c. à thé) d'huile d'olive
1 tranche de tomate mûre

Mettre dans un mélangeur ou un robot de cuisine les pois chiches, l'ail, les oignons, le romarin, le persil, la chapelure et mixer pour bien amalgamer.

Transvider ce mélange dans un bol et ajouter les noix, l'œuf, le sel et poivre. Façonner deux galettes avec les mains.

Dans un poêlon, faire chauffer l'huile à feu moyen et cuire les galettes 4 min de chaque côté.

Garnir d'une grosse tranche de tomate.

Les protéines

Les pois chiches, les noix et l'œuf fournissent les protéines du plat principal.

Le croque-végétarien

Valeur nutritive	
calories	435
protéines	21 g
glucides	49 g
fibres	8 g
gras total	18 g
bons gras mono	8 g
poly	9 g
Excellente source de fer, fibres, magnésium, potassium et zinc	

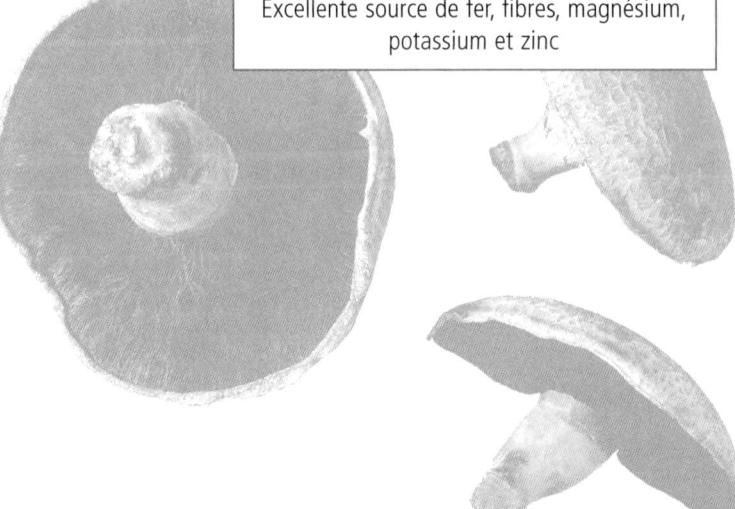

Yogourt au gingembre et aux noix grillées

1 PORTION

175 g (¾ tasse) de yogourt nature
1 c. à café (1 c. à thé) de miel
1 c. à café (1 c. à thé) de gingembre frais, râpé
1 c. à café (1 c. à thé) de noix, grillées

Dans un petit bol, mélanger tous les ingrédients et servir.

Yogourt au gingembre et aux noix grillées

Valeur nutritive	
calories	150
protéines	10 g
glucides	20 g
fibres	0
gras total	4 g
bons gras	mono 2 g

Variante

Remplacer la tranche de tomate par une salsa à la tomate ou une bruschetta (voir la recette à la p. 181).

Repas boîte à lunch

On peut préparer la galette la veille et la réfrigérer.

Saviez-vous que...

Faire griller les noix dans un poêlon en fonte, sans ajouter de gras, à feu moyen-élevé pendant environ 2 min ou jusqu'à ce qu'elles se colorent. Cela évite d'allumer le four.

Les noix de Grenoble sont une des rares sources végétales de gras oméga-3. Ce type de gras ralentit la dégénérescence oculaire, selon une étude récente publiée dans The Archives of Ophtalmology.

La chapelure fraîche est faite à partir du pain frais, alors que la sèche provient du pain séché. Dans les deux cas, on passe simplement le pain au mélangeur pour le pulvériser.

À quantité égale, la chapelure sèche absorbe plus de liquide que la chapelure fraîche. De plus, elle se congèle bien. Au lieu de jeter un pain sec, on peut donc le transformer en chapelure. Ici aussi, le pain à grains entiers est préférable (recette p. 90).

Menu 36

Casserole aux haricots de soja et aux lentilles

- Crudités
- **Casserole aux haricots de soja et aux lentilles**
- Pain de blé entier
- Cantaloup et cerises de terre

Casserole aux haricots de soja et aux lentilles

6 PORTIONS

(à préparer le dimanche ou la veille)

1 c. à soupe d'huile d'olive extravierge
360 g (2 tasses) d'oignons, hachés finement
400 g (2 tasses) de carottes, hachées finement
2 à 3 c. à café (2 à 3 c. à thé) de cari
1 litre (4 tasses) de bouillon de légumes
2 c. à soupe de gingembre frais, haché
Quelques gouttes de sauce piquante aux piments
3 gousses d'ail, hachées
225 g (1 tasse) de lentilles rouge orangé, non cuites
225 g de haricots de soja en conserve, égouttés
20 g (½ tasse) de feuilles de coriandre, hachées
Sel et poivre

Ramollir les oignons et les carottes dans l'huile.

Ajouter le cari, mélanger et cuire 1 min.

Ajouter 250 ml (1 tasse) de bouillon, le gingembre, la sauce piquante, l'ail et cuire 5 min en remuant de temps en temps.

Ajouter le reste du bouillon, les lentilles, les haricots de soja et faire mijoter 10 min ou jusqu'à ce que les lentilles soient tendres.

Ajouter la coriandre, le sel et le poivre. Garnir de feuilles de coriandre et servir.

Casserole aux haricots de soja et aux lentilles

Valeur nutritive	
calories	380
protéines	27 g
glucides	47 g
fibres	13 g
gras total	12 g
bons gras mono	4 g
poly	6 g
Excellente source de vitamine A, acide folique, fer, fibres, magnésium, potassium et zinc	

Valeur nutritive

Les haricots de soja sont très nourrissants sur plusieurs plans : 110 g (½ tasse) fournissent autant de protéines que 225 g (1 tasse) de légumineuses cuites et plus d'isoflavones qu'un verre de boisson de soja, soit environ 50 mg *versus* 30 mg.

De leur côté, les lentilles sont particulièrement riches en acide folique.

Variantes

À défaut de haricots de soja en conserve, parfois difficiles à trouver, utiliser des haricots blancs en conserve.

Pour un goût plus épicé, augmenter le cari et la sauce piquante aux piments. Le tabasco peut remplacer la sauce piquante aux piments.

Pour adoucir le feu des épices, garnir chaque portion d'une à deux cuillerées de yogourt nature.

Astuces !

Pour le transport, conserver la portion voulue au chaud dans un thermos à grande ouverture ou la placer dans un contenant de plastique allant au four à micro-ondes. Au moment de manger, ajouter les feuilles de coriandre fraîche et le yogourt sur le plat réchauffé.

Saviez-vous que...

Les lentilles rouge orangé ne prennent que 10 à 15 min de cuisson. Ajoutées à une soupe ou à une sauce à spaghetti, elles augmentent leur contenu en protéines. Elles permettent aussi d'épaissir une sauce tomate en un tournemain.

Menu 37

Potage, chèvre et pain aux noix

- Crème de légumes du jour
- Fromage de chèvre
- Endives en crudité
- Pain aux noix
- Melon Honeydew à la menthe

Crème de légumes du jour

1 PORTION

150 g (¾ tasse) de légumes crus ou surgelés, taillés grossièrement (asperges, pois verts, brocoli, carottes)
2 c. à soupe d'oignons, hachés
200 ml (¾ tasse) de bouillon de légumes ou de poulet
4 c. à soupe de lait ou de boisson de soja
½ tranche de pain de blé entier
1 c. à café (1 c. à thé) d'huile d'olive
½ c. à café (½ c. à thé) d'herbes de Provence
Sel et poivre au goût

Cuire les légumes et les oignons dans la moitié du bouillon quelques minutes au four à micro-ondes ou sur la cuisinière. Mettre les légumes cuits et le bouillon dans un mélangeur, ajouter le reste du bouillon, le lait, le pain, l'huile et les herbes. Mixer jusqu'à consistance d'une crème bien lisse. Rectifier l'assaisonnement. Verser dans un bol et réchauffer 30 sec au four à micro-ondes, au besoin.

Chèvre

1 PORTION

Prévoir 60 g (2 oz) de fromage de chèvre frais. Il existe une superbe gamme de fromages de chèvre frais ; contrairement aux fromages de chèvre affinés, les frais ont une saveur plus douce et un contenu plus faible en matières grasses, soit moins de 20 %.

Crème de légumes du jour

Valeur nutritive	
avec chèvre	
calories	376
protéines	20 g
glucides	36 g
fibres	9 g
gras total	19 g
bons gras	mono 7 g
	poly 2 g
Excellente source de vitamines A et C, acide folique, fer, fibres, potassium et zinc	

Solution minute

Il existe des crèmes de légumes toutes préparées qui ont beaucoup de goût. Certaines sont vendues dans les comptoirs d'aliments végétariens, d'autres sont disponibles dans des contenants cartonnés de 960 ml (32 oz) avec bec verseur. Les ingrédients sont intéressants. Parmi les marques vues le plus fréquemment, notons les soupes du Commensal et de Pacific.

Melon Honeydew à la menthe

1 PORTION

Le melon Honeydew, aussi appelé melon miel, renferme plus d'acide folique que le cantaloup mais moins de vitamine C que ce dernier. Mieux vaut varier que de s'abonner à un seul melon…

Un quartier de melon Honeydew
2 c. à café (2 c. à thé) de jus de citron vert
Le zeste d'un citron vert, si désiré
2 c. à café (2 c. à thé) de menthe fraîche

Mettre le melon dans une assiette. Dans un petit bol, mélanger les autres ingrédients et verser sur le melon. Servir.

Melon Honeydew à la menthe

Valeur nutritive	
calories	48
protéines	1 g
glucides	12 g
fibres	1 g
gras total	0
bons gras mono	0
poly	0

Variante

Pour varier la saveur, utiliser des herbes fraîches comme le thym, l'origan ou le basilic, hachées finement, à la place des herbes de Provence séchées.

Astuces !

Il est facile de multiplier les ingrédients par deux ou par quatre et de faire des réserves de potage pour d'autres repas du midi. Il est également possible de congeler ce type de soupe en portions individuelles.

Saviez-vous que...

Offerte à l'année, l'endive se vend à l'unité et se conserve au réfrigérateur, bien emballée. Pour la préparer, retirer le petit cône blanc à la base du trognon et, s'il y a lieu, ôter les feuilles abîmées. Ne pas la laver, car l'eau favorise l'amertume.

Mangée telle une pomme, l'endive est croustillante et savoureuse. On peut aussi la servir avec une trempette au yogourt (voir la recette à la p. 97). Comme l'endive se mange au complet, il n'y a donc aucune perte.

Menu 38

Pois chiches
et épinards en salade

- **Pois chiches et épinards en salade**
- **Vinaigrette au yogourt**
- Pain de seigle
- Mousse aux fraises

Pois chiches et épinards en salade

1 PORTION

225 g (1 tasse) de pois chiches, cuits
50 g (¼ tasse) de concombres, en dés
50 g (¼ tasse) de céleri et ses feuilles, en dés
50 g (¼ tasse) de carottes, râpées
120 g (2 tasses) d'épinards en feuilles ou des feuilles d'épinards tendres
Vinaigrette au yogourt

Mélanger ensemble tous les ingrédients sauf les épinards.

Ajouter les épinards, verser la vinaigrette au yogourt et bien touiller. Servir aussitôt.

Vinaigrette au yogourt

3 c. à soupe de yogourt nature
2 c. à café (2 c. à thé) de jus de citron
1 c. à café (1 c. à thé) d'huile d'olive
½ c. à café (½ c. à thé) de cumin
¼ c. à café (¼ c. à thé) de gingembre moulu
½ gousse d'ail, écrasée

Mélanger tous les ingrédients et verser sur la salade de pois chiches et d'épinards.

Pois chiches et épinards en salade

Valeur nutritive
avec vinaigrette au yogourt

calories	415
protéines	22 g
glucides	62 g
fibres	13 g
gras total	11 g
bons gras	mono 5 g
	poly 3 g

Excellente source de fibres, vitamine C, fer, calcium, magnésium, potassium et zinc

Exceptionnellement riche en acide folique et en vitamine A

Légumes à valeur ajoutée

On peut remplacer le céleri par du fenouil lorsque ce dernier est en saison. On obtient alors non seulement une saveur différente, mais une dose additionnelle d'acide folique. Les épinards fournissent, eux aussi, beaucoup de cette vitamine du complexe B qui a le pouvoir d'abaisser le taux d'homocystéine, une substance associée au blocage des artères.

Variante

Une autre idée facile, rapide et savoureuse consiste à mélanger 225 g (1 tasse) de pois chiches avec environ 60 g (½ tasse) de poivrons rouge et vert coupés en dés, 45 g (¼ tasse) d'oignons ou d'oignons verts hachés, 100 g (½ tasse) de céleri haché et 75 g (⅓ tasse) de maïs en grains frais, en saison. Arroser d'une vinaigrette faite d'huile d'olive, de moutarde de Dijon, d'estragon et de vinaigre de vin.

Repas boîte à lunch

Ce repas se transporte bien au bureau dans un contenant en plastique, accompagné d'un petit bloc réfrigérant. On peut aussi le réfrigérer une fois au travail. Pour éviter les dégâts, conserver la vinaigrette dans un contenant hermétique.

Saviez-vous que...

Les pois chiches, toujours populaires en raison de leur texture et de leur saveur de noisette, sont devenus les légumineuses les plus mangées au Québec. Ils remplacent adéquatement la viande sur le plan des protéines et du fer, et se cuisinent de multiples façons. On peut les inclure dans les salades, les soupes, les tartinades et les casseroles.

Menu 39

Salade de trois fèves à la feta

- Salade de trois fèves à la feta
- Verdures de saison
- Craquelins de seigle
- Raisins frais et yogourt à la cannelle

Salade de trois fèves à la feta

1 PORTION

200 à 225 g (¾ à 1 tasse) de salade de trois fèves du commerce en conserve

½ tomate, en cubes

½ poivron vert, finement haché

100 g (½ tasse) de concombres pelés, épépinés et coupés en cubes

1 c. à soupe de persil frais

1 oignon vert, coupé finement

30 g (1 oz) de feta, en cubes ou émiettée

Bien mélanger tous les ingrédients et servir.

Cette salade se transporte bien et peut se préparer d'avance.

Salade de trois fèves à la feta

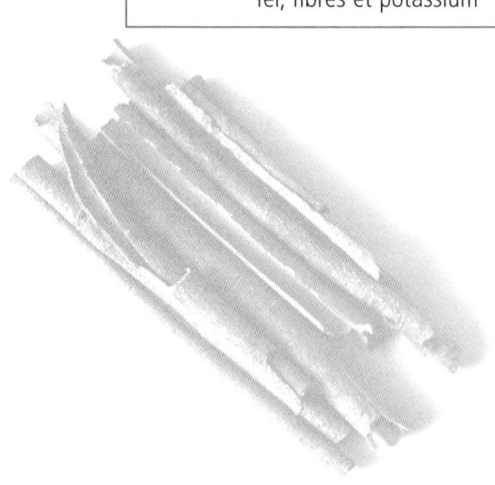

Valeur nutritive	
calories	296
protéines	18 g
glucides	44 g
fibres	11 g
gras total	8 g
bons gras mono	1 g
poly	0
Excellente source de vitamine C, fer, fibres et potassium	

Raisins frais et yogourt à la cannelle

1 PORTION

1 bol de raisins verts ou rouges, lavés et essorés avec du papier absorbant
125 g (½ tasse) de yogourt nature
1 c. à café (1 c. à thé) de sirop d'érable
¼ c. à café (¼ c. à thé) de cannelle moulue

Dans le bol de raisins, ajouter les autres ingrédients. Mélanger et servir.

Peut se faire d'avance. Laisser macérer dans un contenant hermétique au réfrigérateur.

Raisins frais et yogourt à la cannelle

Valeur nutritive	
calories	133
protéines	7 g
glucides	22 g
fibres	1 g
gras total	2 g
bons gras	mono 1 g
	poly traces

Variantes

Au lieu des trois fèves, utiliser la même quantité de pois chiches ou de haricots rouges en conserve, égouttés.

Tous les légumes et toutes les herbes du jardin peuvent faire partie de la salade, selon l'appétit du moment.

Le fromage feta

Doté d'un goût relevé, le fromage feta est le plus connu des fromages grecs. Il est préparé à partir de lait de brebis ou de chèvre et conservé dans un bain de saumure. Ingrédient incontournable de la fameuse salade grecque, il ajoute un peu de piquant à une salade de légumineuses toute sobre. Son contenu en matières grasses oscille entre 18 et 22 %, ce qui est inférieur à un gouda (28 %) ou à un gruyère (32 %).

Saviez-vous que...

Même une petite quantité de cannelle vaut son pesant d'or, puisque 1 c. à café (1 c. à thé) de cette épice renferme plus de fer que 200 g (1 tasse) de brocoli ou de chou-fleur cru.

Autre atout de cette épice populaire : elle favorise une glycémie stable.

MENU 40

Tartine au chèvre chaud

- Jus de légumes
- Tartine au chèvre chaud
- Panaché de légumes vapeur
- Yogourt et clémentine

Tartine au chèvre chaud

1 PORTION

2 tranches de pain de grains entiers
60 g (2 oz) de fromage de chèvre frais du Québec

Mettre les tranches de pain dans une assiette allant au four.

Griller à 15 cm (6 po) du gril, le temps de dorer le pain. Sortir du four, retourner le pain et tartiner le côté non grillé de fromage de chèvre. Passer rapidement sous le gril jusqu'à ce que le fromage soit légèrement fondu et coloré. Servir avec le panaché de légumes vapeur.

Panaché de légumes vapeur

1 PORTION

4 asperges vertes, en morceaux de 5 cm (2 po)
5 pois mange-tout
5 carottes miniatures, coupées en deux sur la longueur
1 à 2 c. à café (1 à 2 c. à thé) de vinaigre balsamique

Dans une marguerite, cuire tous les légumes à la vapeur environ 5 min ou dans un plat allant au four à micro-ondes, jusqu'à ce qu'ils soient tendres. Servir chauds dans une assiette et arroser légèrement de vinaigre balsamique.

Tartine au chèvre chaud

Valeur nutritive
avec panaché de légumes vapeur

calories	329
protéines	18 g
glucides	39 g
fibres	12 g
gras total	14 g
bons gras	mono 3 g
	poly 0 g

Excellente source de fibres, fer, acide folique, vitamines A et C, magnésium et zinc

Variante

Le fromage de chèvre frais

Remplacer le panaché de légumes vapeur par un mesclun ou une salade mixte, au goût. Arroser de votre vinaigrette favorite.

Fabriqué avec du lait de chèvre, un fromage de chèvre frais est toujours moins riche en matières grasses qu'un fromage affiné. Sa saveur soutenue fait bon ménage avec toute la gamme des légumes les plus colorés. Offert partout, il se mange froid ou chaud et se digère facilement.

MENU 41

Velouté mystère aux carottes, aux pommes et au gingembre

- Velouté mystère aux carottes, aux pommes et au gingembre
- Verdures en salade
- Pain de blé entier grillé et hoummos
- Fruits secs et noix du Brésil

Velouté mystère aux carottes, aux pommes et au gingembre

1 PORTION

Le tofu soyeux ferme a la consistance d'une crème caramel; il passe inaperçu dans les veloutés, les boissons et les crèmes. Il est offert partout, tant dans les grandes surfaces que dans les fruiteries et les magasins d'aliments naturels. Les marques Mori-nu et Sunrise sont particulièrement faciles à trouver.
Le tofu soyeux fournit moins de protéines que le tofu ferme ordinaire, mais plus d'isoflavones (les phytœstrogènes contenus dans le soja).

125 ml (½ tasse) de jus d'orange
1 c. à soupe de jus de citron vert ou jaune
10 carottes miniatures, grossièrement coupées
180 g (6 oz) de tofu soyeux ferme
4 c. à café (4 c. à thé) de poudre de lait écrémé
½ pomme Gala, pelée et coupée en morceaux
1 à 1½ c. à café (1 à 1½ c. à thé) de gingembre frais, râpé

Dans un mélangeur, verser le jus d'orange et le jus de citron vert; ajouter les carottes et mélanger jusqu'à consistance lisse. Ajouter le tofu, la poudre de lait, les pommes et le gingembre. Bien mélanger le tout jusqu'à consistance onctueuse. Verser dans un bol et savourer froid.

La portion semble généreuse, mais elle se mange allègrement.

Velouté mystère aux carottes, aux pommes et au gingembre

Valeur nutritive	
calories	285
protéines	18 g
glucides	43 g
fibres	3 g
gras total	6 g
bons gras mono	1 g
poly	3 g
Excellente source de vitamines A et C, acide folique, magnésium et potassium	

La pomme

La pomme est le fruit le plus consommé dans le monde. Elle occupe une place de choix dans nos menus, car elle nous est fidèle 12 mois par année. Riche en fibres alimentaires, elle rehausse la saveur et la texture d'une foule de plats, salés ou sucrés.

La noix du Brésil

Originaire du Brésil, cette noix longue a une saveur exquise qui s'apparente à celle de la noix de coco. Elle est extrêmement riche en sélénium, un minéral abondant également dans les poissons et les fruits de mer. Deux noix du Brésil suffisent à combler nos besoins quotidiens en sélénium !

Saviez-vous que...

Le gingembre peut soulager les maux d'estomac et réduire les nausées de la grossesse.

Qu'il soit frais râpé ou séché en poudre, il facilite la digestion lorsque consommé en infusion.

MENU 42

Le chili de Janine

- **Chili de Janine**
- Salade de verdures
- Riz basmati brun
- Kiwi

Chili de Janine

6 PORTIONS

(à préparer le dimanche ou la veille)

5 c. à café (5 c. à thé) d'huile d'olive extravierge
2 gousses d'ail, hachées finement
2 gros oignons, en gros cubes
2 gros poivrons verts et 2 gros poivrons rouges, en gros cubes
796 ml (28 oz) de tomates en dés, en conserve
398 ml (14 oz) de sauce aux tomates, en conserve
60 g (¼ tasse) de poudre de cacao
1 c. à soupe d'assaisonnement au chili
2 c. à café (2 c. à thé) de cumin moulu
540 g (19 oz) de haricots rouges, rincés et égouttés
540 g (19 oz) de haricots noirs, rincés et égouttés

Dans une cocotte, chauffer l'huile sur un feu moyen et faire sauter l'ail, les oignons et les poivrons environ 10 min en remuant de temps en temps.

Ajouter les tomates, la sauce tomate, le cacao, le chili et le cumin.

Faire mijoter à feu moyen environ 10 min, en remuant occasionnellement. Ajouter les haricots, le poivre et laisser mijoter encore quelques minutes.

Servir immédiatement ou laisser refroidir complètement et congeler en portions individuelles.

Servir sur du riz brun.

Le chili de Janine

Valeur nutritive	
calories	321
protéines	16 g
glucides	57 g
fibres	16 g
gras total	6 g
bons gras mono	3 g
poly	1 g
Excellente source de vitamine A et C, acide folique, fer, fibres, potassium et magnésium	

Les haricots rouges et noirs

Les haricots rouges cuits fournissent 6 g de fibres par 225 g (1 tasse), alors que les haricots noirs en contiennent deux fois plus. Ces derniers sont également une grande source d'acide folique. Combinées ensemble, les deux variétés fournissent, pour 225 g (1 tasse) de haricots cuits, 100 mg de calcium, 160 mg de magnésium, 1220 mg de potassium, 10 mg de fer et 4 mg de zinc. Et ça, c'est pour les légumineuses seulement ! Sans contredit, un plat à inscrire au menu plus souvent !

Astuces !

En cuisinant la fin de semaine, on gagne du temps à l'heure des repas durant la semaine, tant le midi que le soir.

Cette recette se congèle bien en portions individuelles et se réchauffe en moins de 10 min.

Le riz basmati brun offre un complément idéal à ce plat épicé ; il se congèle aussi, une fois cuit et refroidi.

À défaut de riz, une tranche de pain peut atténuer le goût un peu épicé de ce plat.

Repas boîte à lunch

Ce repas se transporte très bien au bureau, soit dans un thermos à grande ouverture qui le conservera chaud jusqu'au midi, soit dans un contenant en plastique qu'on passera au four à micro-ondes juste avant de manger.

Saveur plus !

La poudre de cacao et le cumin contribuent à la saveur intéressante de cette version inédite d'un chili végétarien.

Menu 43

Gratin de tofu aux tomates et au pistou

- Crudités et trempette
- **Gratin de tofu, aux tomates et au pistou**
- Pain de seigle
- Une grappe de raisins

Gratin de tofu aux tomates et au pistou

1 PORTION

1 tomate, en tranches
90 g (3 oz) de tofu régulier, en petites tranches
2 tranches de mozzarella, coupées en deux
1 c. à soupe de pesto ou de pistou
2 c. à café (2 c. à thé) de parmesan, râpé

Dans un plat peu profond allant au four, disposer en alternance une tranche de tomate, une tranche de fromage et une tranche de tofu. Badigeonner chaque tranche de tofu d'un peu de pistou. Recommencer jusqu'à ce qu'il ne reste plus d'ingrédients.

Saupoudrer de parmesan.

Cuire au four à 220 °C (425 °F) environ 10 min.

Gratin de tofu aux tomates et au pistou

Valeur nutritive	
calories	218
protéines	18 g
glucides	9 g
fibres	2 g
gras total	14 g
bons gras mono	5 g
poly	3 g
Excellente source de calcium et de fer	

Variante

En remplaçant le tofu par des restes de poulet, on obtient un autre plat fort agréable.

Saviez-vous que…

Au moins 160 restaurants répartis à travers 31 États américains servent en priorité des aliments biologiques, des fruits et des légumes cultivés dans leur région jusqu'aux viandes bio, en passant par des poissons dont l'espèce n'est pas surexploitée par les pêches commerciales.

Menu 44

Tofu à l'orientale

- Tofu à l'orientale
- Pain entier grillé
- Cresson et graines de sésame en salade
- Compote fraises et rhubarbe

Tofu à l'orientale

1 PORTION

Pour cette recette, opter de préférence pour le tofu soyeux, appelé aussi « tofu japonais ». Comme il a une texture onctueuse et lisse comme un flan, il fond dans la bouche. Ce tofu est offert en trois textures : mou, ferme ou extra-ferme. Dans ce cas-ci, le tofu ferme est le plus approprié.

2 ½ c. à café (2 ½ c. à thé) de tamari léger en sel
1 c. à café (1 c. à thé) de vinaigre de riz
½ c. à café (½ c. à thé) de gingembre frais, râpé finement
½ c. à café (½ c. à thé) de sucre
½ paquet de 349 g de tofu soyeux ferme, égoutté
1 carotte, râpée en rubans*
1 c. à soupe de ciboulette, hachée ou d'oignons verts, effilochés

Dans un petit bol, mélanger le tamari, le vinaigre, le gingembre et le sucre. Bien remuer pour faire dissoudre le sucre.

Mettre le bloc de tofu dans une assiette, arroser de sauce, garnir de rubans de carotte et de ciboulette.

* Pour obtenir de jolis rubans, enlever la pelure d'une belle carotte et continuer à peler !

Tofu à l'orientale

Valeur nutritive	
calories	165
protéines	15 g
glucides	16 g
fibres	3 g
gras total	5 g
bons gras mono	1 g
poly	3 g
Excellente source de vitamines A et K, et de magnésium	

Saviez-vous que...

Dans les vinaigrettes orientales, le vinaigre de riz et le tamari sont les ingrédients de base. L'huile de canola ou l'huile de sésame remplace l'huile d'olive. D'autres ingrédients comme l'ail, les oignons hachés, le gingembre ou la sauce de poisson ajoutent des parfums complémentaires.

On trouve le tofu soyeux dans la section bio des supermarchés ou dans les magasins d'aliments naturels et les épiceries orientales. Il est offert dans un emballage cartonné aseptique de 349 g (environ 12 oz) qui ne requiert pas de réfrigération tant qu'il n'est pas ouvert; il se conserve ainsi plusieurs mois (vérifiez la date de péremption sur l'emballage). Ce type de tofu, facile à fouetter, est idéal pour les desserts, les sauces ou même les trempettes.

Le tofu « régulier » est plus ferme et granuleux une fois brisé à la fourchette. Il est vendu depuis longtemps dans les comptoirs réfrigérés des supermarchés et se conserve quelques semaines au réfrigérateur. On peut le trancher et le couper en dés; sauté dans un poêlon, il garde bien sa forme. À poids égal, il est plus riche en protéines que le tofu soyeux.

Menu 45

Edamames en salade tiède

- Gaspacho
- **Edamames en salade tiède**
- Quinoa
- Bleuets et nectarine

Edamames en salade tiède

1 PORTION

180 g (¾ tasse) de haricots de soja frais congelés (edamames), écossés
12 pois « Sugar Snap » en cosses, frais
100 g (⅓ tasse) de pois verts, surgelés
3 c. à soupe d'oignons verts, hachés, incluant la partie verte
Vinaigrette à la moutarde et à la menthe
1 c. à soupe de fromage de chèvre, râpé

Dans un petit contenant allant au four à micro-ondes, faire cuire à couvert, les haricots 4 min avec quelques cuillerées d'eau.

Mettre les pois « Sugar Snap » et les pois verts dans une marguerite et cuire à la vapeur 2 min. Passer les haricots et les pois cuits sous l'eau fraîche quelques secondes et égoutter.

Mettre les haricots, les pois et les oignons verts dans un saladier. Arroser de vinaigrette à la moutarde et à la menthe et garnir de fromage de chèvre.

Vinaigrette à la moutarde et à la menthe

1 PORTION

1 c. à soupe de jus de citron
¼ c. à café (¼ c. à thé) de moutarde de Dijon
1 ½ c. à café (1 ½ c. à thé) d'huile d'olive extravierge
2 c. à café (2 c. à thé) de menthe fraîche, en lanières

Mélanger tous les ingrédients, verser sur la salade et touiller.

Edamames en salade tiède

Valeur nutritive	
avec la vinaigrette	
calories	344
protéines	20 g
glucides	30 g
fibres	11 g
gras total	15 g
bons gras	mono 6 g
	poly 1 g
Excellente source de fibres, fer et vitamine C	

Du fromage de chèvre râpé

Un tout nouveau produit vendu en sachet de 130 g (environ 4 ½ oz) offre un mélange de fromages de chèvre déjà râpés (chèvre frais, chèvre noir et feta). On le trouve dans les comptoirs de produits laitiers bio des supermarchés. Il nous permet de gagner du temps et ajoute une saveur intéressante à une foule de plats. À découvrir…

Variante

À défaut de pois en cosses « Sugar Snap », utiliser des pois mange-tout.

Quelques lanières de jambon de Parme ou de prosciutto ajoutent une note salée mais chouette à cette salade. Dans ce cas, éliminer le fromage de chèvre.

On peut décongeler d'avance les edamames (haricots de soja) et les pois verts surgelés en les plaçant au réfrigérateur la veille ou sur le comptoir le matin.

Cette salade est excellente tiède, froide et même chaude !

Valeur nutritive

Une quantité de 225 g (1 tasse) d'edamames écossés fournit 15 g de protéines, 150 mg de phytœstrogènes et un apport non négligeable de gras oméga-3. Réunis ensemble, les edamames, les pois verts et les pois « Sugar Snap » donnent environ 8 mg de fer !

Index des recettes

B
Bruschetta maison, 181
Burger à la dinde, aux pommes et à la sauge, 43

C
Casserole aux haricots de soja et aux lentilles, 201
Casserole minute au soja, 179
Champignons crus en salade, 69
Chapelure, 90
Chaudrée soyeuse de pétoncles, 165
Chermoula, 107
Chili de Janine, 229
Chutney maison, 59
Coulis de poivrons grillés, 143
Crème de légumes du jour, 205
Crevettes et tofu en salade nouvel âge, 147
Crevettes, mangue et avocat en salade, 169
Croque-poulet, 65
Croque-végétarien, 195
Crostini, 153

E
Edamames en salade tiède, 241
Escalope de poulet et chutney aux pêches, 57

F
Foie de veau grillé au vinaigre balsamique, 71
Fromage frais et fruits de saison, 175

G
Gratin de tofu aux tomates et au pistou, 233
Guacamole, 129

H
Hoummos, 123

M
Marinade à saveur du sud, 53
Marinade au sirop d'érable, 109
Marinade au thym et au citron, 53
Marinade chermoula, 107
Marinade pour la salade tiède de poulet mariné, 53
Melon Honeydew à la menthe, 207

O
Œufs brouillés au saumon fumé, 93
Omelette au thon, 81

P
Palourdes et riz sauvage en salade folle, 161
Panaché de légumes vapeur, 221
Petits fruits tièdes, 171
Pétoncles ou crevettes sautés, 143
Pétoncles parfumés au romarin, 137
Pétoncles sur nid de pois verts, 157
Pistou, 99
Pita au thon et aux poivrons grillés, 117
Poire au gingembre en compote minute, 93

Pois chiches et épinards en salade, 211
Poisson à la florentine, 133
Poisson blanc en papillote, 103
Poisson parmesan minute, 89
Pomme, pois verts et maquereau en salade, 113
Poulet et fruits en salade rafraîchissante, 47
Poulet grillé aux herbes, 35
Purée de poivrons grillés, 117

R
Raisins frais et yogourt à la cannelle, 217
Raisins rouges ou verts glacés, 99

S
Salade croquante de brocoli et de pois chiches au cari, 185
Salade de poisson cru à la mexicaine, 127
Salade de thon improvisée, 85
Salade de trois fèves à la feta, 215
Salade thaï de poulet, 61
Salade tiède de foies de poulet, 39
Salade tiède de poulet mariné, 51
Salsa jaune et verte, 139
Sauce à l'orange, 175
Sauce citronnée au yogourt et à la menthe, 147
Saumon à la marocaine, 107
Saumon fumé et mozzarella en salade, 121
Soupe de poisson à la provençale, 97
Soupe repas aux fruits de mer, 151

T
Tartine au chèvre chaud, 221
Tofu à l'orientale, 237
Tofu sandwich aux tomates, 189
Tomate grillée, 73
Trempette au yogourt, 97
Truite grillée aux herbes fraîches, 77

V
Velouté mystère aux carottes, aux pommes
  et au gingembre, 225
Vinaigrette à la menthe 47
Vinaigrette à la moutarde et à la menthe, 241
Vinaigrette à l'orange, 51
Vinaigrette aux herbes, 121
Vinaigrette au yogourt, 211
Vinaigrette piquante, 61

Y
Yogourt au gingembre et aux noix grillées, 197
Yogourt et fruits en boisson veloutée, 191

INDEX DES MOTS-CLÉS

A
Aliments bio, 23, 25, 28
Aliments indispensables, 22
Aliments traiteur, 30
Anti-inflammatoires, 79
Antioxydants, 9, 19, 101, 155
Avocat, 19, 29, 129, 131, 140, 168-170, 173

B
Barbecue, 111, 140-141
Basilic, 23, 25, 31, 37, 41, 61, 65, 67, 77, 89, 99-100, 121, 181, 209
Bette à carde, 102
Bleuet, 56, 150, 155, 175, 240
Boisson veloutée, 188, 191-192
Bok choy, 63, 155
Bouillon de poulet, 23, 26, 103, 143, 157, 159, 165
Brocoli, 25, 184-187, 205, 219
Bruschetta, 29, 31, 153, 178-179, 181, 183, 199
Bulbe de fenouil, 103

C
Cannelle, 23, 214, 217-219
Câpre, 23, 26-27, 85, 87, 117, 193
Ceviche, 126-128
Champignon, 26, 68-70, 194
Chapelure maison, 29, 73, 89-90
Chaudrée, 27, 30, 164-166

Chili, 23, 228-231
Cholestérol, 13, 71, 151
Chou chinois, 61, 63, 151, 155
Chutney maison, 57, 59
Confit de poivrons, 145
Conserves, 17, 23, 26, 75, 119
Coriandre fraîche, 27, 49, 53, 57, 85, 87, 107, 110, 127, 151, 169, 203
Coulis, 26, 142-145
Cresson, 236
Crevette, 49, 140, 142, 143
Crostini, 150, 153
Crucifères, 63, 87

D
Dinde, 42-45, 49, 63, 75

E
Edamame, 179, 182
Endive, 24, 96, 116, 132, 209
Enquête pancanadienne, 8
Épinard, 24, 26-27, 55

F
Feta, 25-26, 214-216, 219, 242
Figue fraîche, 120
Fines herbes fraîches, 18
Foie, 19, 41, 68, 70-73, 75, 161
Fraise, 106
Framboise, 39, 41
Fromage cottage, 175, 177

Fromage de chèvre, 28, 204-205, 221, 223, 241-243
Fromage frais, 28, 67, 174-176, 205, 221, 223

G
Gingembre, 18, 23, 25, 50, 75, 92-93, 151, 185, 187, 194, 197, 201, 211, 224-227, 237, 239
Gingembre frais mariné, 185
Graine de sésame, 23, 236
Gras oméga-3, 19, 79, 83, 94-95, 111, 115, 199, 243
Guacamole, 126, 129-130, 160

H
Haricot de soja, 167, 179, 182
Haricot noir, 229, 230
Haricot rouge, 219, 229, 230
Homocystéine, 212
Hoummos, 12, 25, 30-31, 67, 120, 123-125, 224

I
Indispensables, les aliments, 22
Ingrédients asiatiques, 62
Isoflavones, 202, 225

L
Lait UHT, 28
Légumes vapeur, 220-223
Légumineuses, 18-19, 26, 28, 31, 33, 182, 187, 202, 213, 219, 230

Lentilles, 31, 200-203

M
Maladies cardiovasculaires, 115
Mangue, 29, 59, 68, 84, 137, 139-141, 164, 168-170
Maquereau, 19, 87, 112-115, 131
Marinades, 53, 54, 107, 109, 110
Melon honeydew, 34, 49, 204, 207-208
Menthe fraîche, 47, 61, 113, 207, 241
Mercure, 83, 91, 118
Mesclun, 24, 27, 55, 64, 85, 223

N
Noix d'acajou, 185
Noix de Grenoble, 49, 175, 195, 199
Noix du Brésil, 224, 227
Noix fraîches grillées, 19

O
Œuf oméga-3, 93-94

P
Pacane, 47, 49
Pak-choï, 63, 155
Palourde, 161
Pesto, 27, 31, 35, 37, 97, 100, 161, 233
Pétoncle, 137, 139-141, 143, 151, 155, 157, 165, 167
Phytœstrogènes, 225, 243

Index des mots-clés 251

Piment fort, 63
Pistou, 35, 37, 97, 99-100, 232-234
Pita de blé entier, 34, 42, 46, 64-65, 80, 116-117, 119, 126, 129
Poire, 47, 49, 51, 76, 92-93, 112, 191
Pois chiche, 123, 183
Pois mange-tout, 187, 221, 243
Pois « Sugar Snap », 241, 243
Poisson blanc, 32, 79, 89, 91, 97, 102-104, 133, 155
Poisson cru, 126-128
Pois vert, 113, 157, 159, 241, 243
Poivron, 26, 65, 87, 117, 145, 150, 188, 193, 215
Poivron grillé ou rôti, 117, 143
Pomme, 12, 24-25, 27, 43, 60, 112-114, 140, 177, 209, 225, 227
Poulet, 12, 18, 23, 26, 34-41, 43, 45-52, 54-62, 65, 67, 87, 97, 103, 119, 123, 125, 143, 151, 157, 159, 165, 205, 235
Protéines, 9, 11, 15, 18-20, 26-27, 32-33, 67, 83, 115, 131, 163, 167, 187, 193, 195, 203, 213, 225, 239

Q

Quinoa, 19, 56, 102, 105, 136, 156-157, 240

R

Raisin rouge, 99, 101
Repas boîte à lunch, 131, 177, 199, 213, 231

Repas dépanneurs, 7, 32
Repas végétariens, 19, 30, 32
Rhubarbe, 106, 236
Riz basmati brun, 142, 157, 228, 231
Riz sauvage, 19, 88-89, 160-163
Roquette, 24, 85, 87, 116, 123, 125, 132
Rubans de carotte, 237

S

Salade tiède, 29, 38-40, 50-52, 240-243
Salsa, 28, 31, 32
Sauce chermoula, 107, 110
Saumon, 19, 27, 31, 63, 79, 87, 92-95, 106-109, 111, 115, 120-123, 125, 149, 173
Saumon d'élevage, 95, 109
Saumon fumé, 92-95, 120-123, 125
Surgelés, 17, 24, 28-30, 89, 101, 205, 241, 243
Surimi, 154

T

Tabboulé, 31
Tapenade, 30-31, 65, 73, 153, 189, 193
Thon, 25-26, 31, 80-87, 91, 116-118
Tilapia frais, 89
Tofu ferme, 167, 189, 225, 237
Tofu soyeux, 25, 27, 147, 165, 167, 225, 237, 239
Tomate, 27, 50, 59, 65, 67-68, 73-74, 127, 129, 193-195, 199, 203, 215, 229, 233

Trempette, 25, 28, 30, 96-97, 123, 129, 209, 232
Truite saumonée, 79, 107, 111

V
Verdure, 55, 87
Vinaigre balsamique, 53, 55, 71, 75, 181, 221
Vinaigrette, 26-28, 31, 33, 39, 47-49, 51-52, 54, 61-63, 118, 121-122, 178, 185-186, 210-213, 223, 241-242

Y
Yogourt, 19, 25, 63, 91, 93, 97, 133, 147, 171, 175, 177, 187, 191-192, 194, 197, 203, 209, 211, 217

TABLE DES MATIÈRES

Introduction 8

Chapitre 1
Un repas à réinventer 10

Chapitre 2
Nos critères : saveur, santé et rapidité 16

Chapitre 3
Nos raccourcis...22

Les 45 menus midi 34

Index des recettes 245

Index des mots-clés..249

Achevé d'imprimer au Canada
sur les presses des
Imprimeries Transcontinental Inc.